현장 및 예비 영어 교사의 교수 기술 향상을 위한 안내서

영어 문법과 의사소통의 통합 지도

김 성 애 지음

신아사

서문

세계화라는 시대적 흐름 속에서 외국어 교육은 빠른 변화를 요구받고 있으며 그 요구의 핵심은 단연 목표 언어의 의사소통 능력 배양에 있다고 할 수 있다. 이러한 시대적 요구에 부응하여 최근 영어 교육에 있어서도 학습자들의 의사소통 능력의 배양을 위해 교육 관계자들이 많은 노력을 기울이고 있다. 하지만 이러한 노력에도 불구하고 실제 영어 교실에서 일어나고 있는 제반 현상들을 보면 적지 않게 실망하게 된다. 우리 교육 현장에서는 그러한 노력이 그다지 효과적인 결과로 나타나지 않기 때문이다.

실제로 지난 20여 년 동안의 학교 영어 교육을 돌이켜 볼 때, 학자들의 많은 연구와 더불어 정부 차원의 많은 재정적 뒷받침에도 불구하고, 실제 영어 교사들이 교실에서 학생들을 가르치는 방식에 있어서는 그다지 큰 변화가 없었다는 것이 저자의 견해이다. 특히 대학수학능력시험을 앞두고 있는 고등학교 영어 교실에서는 의사소통 능력 개발에는 거의 관심을 갖지 못하고 있는 것이 사실이며, 일부 남에게 보이기 위한 연구 발표 수업을 제외하고는 여전히 전통적인 문법-번역 중심의 교수법(grammar-translation approach)이 주류를 이루고 있다(S.-A. Kim, 2006a).

우리의 영어 교육 목표가 학생들의 의사소통 능력을 기르는 데 있고, 문법 능력도 의사소통 능력의 중요한 구성 요소라는 점을 감안할 때 문법을 가르치는 것 자체가 잘못된 일은 결코 아니다. 문제는 문법 수업이 문법 그 자체만을 위한 것이 아니라 의사소통을 원활히 하게 하기 위한 수단이어야 함에도 불구하고, 교사들이 자의건 타의건 간에 문법 그 자체를 목표로 수업을 하는 경우가 대부분이라는 점이다. 이는 교사들 자신이 문법을 위한 문법 수업이 옳다고 생각해서가 아니다. 사실은 교사들 자신도 문법 그 자체를 목표로서가 아니라 의사소통 능력 향상을 위한 수단으로서의 가르쳐야 한다는 점에 대하여는 그 필요성을 인식하고 있다(S.-A. Kim, 2002). 하지만 실제 학교 영어 교실을 들여다보면 그러한 인식이 곧 실천으로 연결되지는 않고 있다는 점을 쉽게 알 수 있다.

이 책의 목적은 현실적으로 우리나라 학생들이 영어 공부에서 가장 많은 시간을 할애하고 있는 분야인 문법 공부가 실제 학생들의 의사소통 능력 향상에 도움이 되는 문법 공부가 되도록 교사들의 교수 기술을 높이는 데 있다. 이를 위하여 교사들로 하여금 교실에서 문법을 어떻게 다루어야 보다 효과적인 수업이 될 수 있는지, 또한 현재 자신의 수업에서 부족한 점이 무엇인지를 먼저 인식하게 하고, 이를 개선하기 위해 필요한 교수 기술에 대한 통찰력을 기르는 데 있다. 그리하여 현재의 많은 수업에서 그렇듯이 교사 중심의 지루한 강의식 문법 수업에서 벗어나, 좀 더 현실 생활과 관련된 의미 있는 영어 수업이 되게 함으로써, 학생들이 흥미를 갖고 집중할 수 있는 수업이 되게 하고, 궁극적으로는 우리 영어 교육의 목표인 학생들의 영어 의사소통 능력 개발에 도움을 줄 수 있는 수업이 되도록 하는 데 있다. 아무쪼록 이 책이 교사들로 하여금 문법과 의사소통을 통합적으로 지도하는 데 필요한 통찰력을 기르고, 보다 효과적인 지도를 위한 교수 기술을 연마하는 데 보탬이 될 수 있기를 바라는 마음이다.

저자 김성애

저자가 추천하는 이 책의 사용 방법

외국어를 배우고자 하는 학습자들의 궁극적인 목표는 의사소통 능력을 기르는 것이며, 그러한 능력을 기르기 위하여 문법 학습도 필요한 것이다. 하지만 그동안 우리의 영어 교실에서는 지나치게 문법을 가르치는 데 치중한 나머지 학생들이 언어 사용은 물론이고 언어 연습조차도 제대로 할 기회가 많지 않다. 모든 학습은 학습자의 이해를 바탕으로 해야 한다는 점을 감안하면 문법에 대한 이해 없이 언어 연습만 시킨다든가 무리하게 언어 사용을 강요하는 것이 효과적인 교육 방법일 수 없으며, 또한 문법에 모든 시간을 쏟아버리고 언어 연습이나 언어 사용의 기회를 거의 갖지 못하는 것 역시 결코 효과적인 교육 방법일 수 없다. 영어 교실에서 이렇듯 문법 수업에 치중하는 이유 중의 하나는 아마도 의사소통 중심 수업이 여러 가지로 제한이 많은 우리나라 교실에서는 적용하기 쉽지 않기 때문이라고 생각한다.

우리나라의 언어 환경이 외국어를 제대로 가르치기에는 매우 제한적인 것은 틀림없다. 하지만, 우리의 교육 목표인 의사소통 능력 배양을 위해서는 이러한 근원적인 환경 탓만 하기 보다는 이러한 한계의 영향을 최소한으로 줄이고자 하는 노력이 필요할 것이다. 학생들의 의사소통 능력을 기르기 위해서는 문법 설명도 필요하고, 언어 연습도 시켜야 하고, 또한 언어 사용의 기회도 가능한 많이 줄 수 있어야 한다. 이는 어느 한 쪽에 치우치기 보다는 이 세 분야에 대한 조화로운 시간적 안배를 필요로 한다. 여기서 조화로운 시간적 안배란 가르치는 학생들의 연령 수준, 언어 능력 등을 비롯한 다양한 교수 요인들을 감안한 결과이어야 할 것이다. 그런 점에서 이 책은 교사들에게 자신의 수업을 보다 효과적으로 만들기 위해

참고할 수 있는 하나의 가이드라인 역할을 할 뿐이다. 구체적인 교수 방법은 교수 상황을 고려한 각 교사의 판단에 달려 있다고 하겠다. 다음은 문법과 의사소통의 통합 수업을 위하여 저자로서 교사들에게 추천하고 싶은 이 책의 사용 방법이다.

첫째, 이 책에 수록된 문법 항목별 통합 지도의 예들은 세 가지 단계로 구성되어 있다. 제1단계는 문법 설명, 제2단계는 언어 연습, 그리고 제3단계는 언어 사용이다. 각 문법 항목 별로 일반적으로 다룰 수 있는 내용들을 수록하였으나, 실제 가르치는 학생들의 연령이나 언어능력, 경험과 흥미, 그리고 필요에 따라 어떤 단계에 보다 역점을 둘 것인가는 교사의 판단에 따라 달라질 수 있을 것이다. 또한 각 단계에서 보기로 사용한 문장들도 교사가 판단할 때 보다 더 적절한 문장이 있다고 판단되면 언제든지 바꿀 수 있어야 할 것이다.

둘째, 제1단계인 문법 설명은 가능하면 간결하고 이해하기 쉽게 하는 것이 좋다. 이 책에 기술된 부분을 그대로 가르칠 필요도, 모두 다 가르칠 필요도 없다. 또한 이 책에서도 다른 문법 서적들처럼 전문 문법 용어들을 소개하긴 하였지만, 실제 학생들을 가르칠 때에는 가능하면 전문 용어들은 사용하지 않는 게 좋다. 특히 어린 학생들일수록 그렇다. 문법 설명은 학생들의 이해를 돕기 위한 것인데, 설명에 사용되는 용어 자체가 어려우면 이해하기가 힘들어지는 것은 당연하다.

셋째, 제2단계인 언어 연습이나 제3단계인 언어 사용에서는 가능하면 많은 학생들에게 연습과 사용의 기회를 주는 것이 필요하다. 잘하는 학생들이나 스스로 손을 드는 학생들에게만 기회를 주는 것은 올바른 지도 방법이 되지 못한다. 개별 학생들의 수준 차이를 감안하여 학생의 입장에서 볼 때 감당할 수 있는 질문이나 요구를 하여야 할 것이다. 또한 학생들에게 문장 만들기를 요구하기 전에 교사가 먼저 시범을 보임으로써 학생들의 어려움을 덜어주려는 노력이 필요하다. 이는 교실에서의 활동뿐만 아니라 가정에서 학생 혼자 해야 하는 숙제를 낼 때에도 해당하는 사항이다.

넷째, 제3단계인 언어 사용의 기회를 학생들에게 제대로 주기 위해서는 수업 시간이 항상 부족함을 느낄 것이다. 따라서 교사는 한정된 수업 시간을 최대한 경제적으로 사용하고 부족한 부분을 보충할 수 있는 방안을 늘 강구하여야 할 것이다. 이를 위해서는 교실에서 모든 것을 다 하도록 하겠다는 생각보다는 교실에서 다하지 못한 활동을 가정에서 계속할 수 있도록 숙제를 최대한 활용하여야 할 것이다. 하지만 숙제를 낸다고 모두 학생들에게 도움이 되는 것은 아니라는 점도 기억해야 한다. 숙제가 의사소통 능력 개발에 도움이 되기 위해서는 어떤 종류의 숙제를 내는가가 매우 중요하다. 학생들에게 보다 의미 있는 숙제를 내기 위한 교사의 노력도 필요할 것이다.

목차

제1장 서론

1. 외국어 습득의 필수 조건
2. 영어 학습과 영어 구사력
3. 이 책의 구성

1. 외국어 습득의 필수 조건

어린 아이들이 자기 나라 말을 배울 수 있는 것은 주위 언어 환경으로부터 충분한 언어 입력이 있기 때문에 가능하다. 이러한 언어 환경은 인도의 늑대 어린이, 아프리카의 침팬지 소년 벨로우, 미국의 제니의 경우처럼 세계적으로 아주 드문 몇몇 예외적인 경우들을 제외하고는 모든 인간에게 자연스럽게 제공되는 것이어서 대부분의 사람들이 그 중요성을 미처 인식하지 못하고 지낸다. 하지만 모국어 습득 시에 제공되는 이런 자연스런 언어 환경은 외국어 학습에서는 기대하기 힘든 환경이다.

언어 발달에 있어서 언어 입력(input)의 중요성을 감안할 때 학생들이 목표 언어에 많이 노출될수록 이로울 것이라고 믿는 것은 당연하다. 하지만 단순히 목표 언어에 노출시키는 것만으로는 성공적인 언어 습득에 충분하지 않으며, 보다 중요한 것은 학습자가 이해 가능하도록 언어 입력이 상호작용을 통해서 수정되는 과정이다(Gass & Varonis, 1994; Hadley, 1993; Loschky, 1994; Schinke-Llano & Vicars, 1993; Tsui, 1987; Vanpatten & Cadierno, 1993a, 1993b). 이 과정을 통해서 주위에서 제공된 언어 입력(input)을 학습자가 받아들임으로써(intake) 학습자 내부의 언어 체계를 발달시킬 수 있기 때문이다.

언어 입력에 대한 논의는 교실 상황에서 어떻게 하면 언어 입력을 제공할 것인가 하는 물음과 자연스럽게 연결된다. 연구 결과에 의하면 교실 상황에서 언어 입력을 하는 가장 좋은 방법은 언어 형태에 대한 지도와 의사소통을 통합하는 것이며, 이는 학습자로 하여금 목표 언어 구조의 습득뿐만 아니라, 목표 언어에 대한 전반적인 이해를 보다 잘 할 수 있게 해준다고 한다(Ellis, 1995; Fotos, 1994; Spada & Lightbown, 2008).

2. 영어 학습과 영어 구사력

우리나라처럼 외국어로서 영어를 학습하는 EFL 상황에서는 여러 가지 면에서 효과적인 언어 발달에 제약이 많다. 우선 언어 발달이 가능하기 위해서 필수적이라 할 수 있는 목표 언어의 입력이나 언어 사용의 기회 자체가 자연스런 환경에서 영어를 배우는 제2언어(ESL) 상황과는 비교가 되지 않을 정도로 양적인 면이나 질적인 면에서 현저하게 차이가 난다(Nunan, 1987; Pica, et al., 1996; Seedhouse, 1996; Storch, 2002). 많은 학습자들의 경우, 교실이 언어 입력을 받고 또한 언어를 사용할 수 있는 유일한 장소이거나 적어도 가장 중요한 장소인 경우가 많은데, 그나마도 수업 시간이 주당 몇 시간으로 한정되어 있으므로 교사로서는 최선을 다한다고 하더라도 한계가 있기 마련이다. 따라서 학습자의 입장에서는 언어 입력을 받거나 언어 사용을 할 수 있는 기회가 극히 제한되어 있는 형편이다. 또한 교사 자신이 영어를 외국어로 사용하는 형편일 뿐만 아니라 적절한 교수 기술도 부족한 경우가 많아, 그나마 가능한 언어 사용의 기회조차 극대화하지 못하는 경우가 많다. 한마디로 우리나라와 같은 EFL 상황은 학습자들이 외국어를 배우기에는 대단히 불리한 언어 환경이라고 말할 수 있으며, 사실 이런 환경에서는 제대로 된 의사소통 능력 배양을 기대하는 것 자체가 무리인 듯하다.

Odlin(1994)에 의하면 외국어에 능숙해지는 것은 시간적으로 매우 오래 걸리는 일이며, 특히 한국어와 같이 모국어가 목표 언어와 거리가 먼 언어일 경우에는 목표 언어를 능숙하게 익히는 일이 더욱 어렵다고 한다. 이러한 어려움은 여러 학자들에 의해 거듭 피력되어 왔는데, 예를 들면 van Lier(1996)는 우리나라에서처럼 교실에서 일주일에 몇 시간씩 수업하는 정도의 언어 경험으로는 언어 습득 자체가 거의 불가능하거나 혹은 가능하더라도 아주 느리게 진행될 수밖에 없다는 주장을 하고 있다. 이와 맥을 같이 하는 주장을 DeKeyser (2000)도 하였는데, 어린 아이들과 어른들의 언어 습득을 비교한 그의 연구에서 그는 어린 아이들이 어른들보다 상당히 빨리 언어를 습득하는 경향이 있긴 하지만, 이는 어디까지나 자연스런 언어 환경이 집중적으로 제공되는 몰입 과정(emersion program)의 경우를 의미하며, EFL 상황에서와 같이 일주일에 단 몇 시간씩 교실에서 수업을 하는 정도로는 언어 습득이 거의 일어날 수 없다고 주장한다.

이상과 같은 학자들의 주장을 볼 때, 우리나라와 같이 언어 환경적인 면에서 근원적인 한계를 지닌 EFL 상황에서의 언어 습득은 ESL 상황에서와는 많이 다를 수밖에 없고, 따라서 교육에 있어서도 이러한 차이를 감안하는 것이 당연하다고 생각된다. 하지만 불행하게도 오늘날 우리나라 영어 교육은 많은 희생을 감수해 가며 ESL 상황을 그대로 모방하려는 듯한 경향이 있는 것 같아 심히 걱정스럽다. 수업 내용을 따라가지 못하는 학생이 태반인데도 영어로만 수업을 강행하도록 유도하는 것이나, 효과에 대한 검증도 없이 많은 예산을 들여가며 원어민 강사를 수업에 투입하는 등의 예가 바로 그런 우려를 낳게 한다.

언어 환경적인 면 외에도 EFL 상황이 ESL 상황에 비해 언어 습득에 불리한 이유는 또 있다. 바로 언어 습득의 주체인 학습자들의 동기 문제이다. 학습 동기와 학습 효과의 관련성에 대해서는 이미 다양한 연구들이 수행되어 왔으며, 그 결과 강한 학습 동기가 학습에 긍정적인 영향을 미친다는 것에 학자들도 대체로 동의를 하고 있다 (Belmechri & Hummel, 1998; Chen, et al., 2005; Crookes & Schmidt, 1991; Garner & MacIntyre, 1991; Noels, et al., 2000; Shaaban & Ghaith, 2000; Strong, 1984; Warden & Lin, 2000; Yashima, 2002). 하지만 그 동안의 연구들을 살펴보면, 언어 습득에 있어서 학습 동기의 역할에 대해서 학자들의 견해가 항상 일치했던 것만은 아니었다. 예를 들면, 도구적인 동기(instrumental motivation)보다는 통합적인 동기(integrative motivation)가 언어 습득에 더 유리하다는 주장(Shaaban & Ghaith, 2000)도 있지만, 한편으로는 통합적인 동기는 언어 습득의 원인이 아니라 결과라는 주장(Strong, 1984)도 있다. 또한 통합적 동기뿐만 아니라 도구적 동기도 얼마든지 학습 효과에 긍정적인 영향을 미칠 수 있으며(Garner & MacIntyre, 1991), EFL 상황에서는 통합적 동기보다는 도구적 동기가 더 현저하게 나타나며 통합적 동기는 사실상 그다지 중요한 학습 요인이 되지 못한다는 주장들도 있다(Belmechri & Hummel, 1998; Chen, et al., 2005; Noels, et al., 2000; Warden & Lin, 2000).

언어 습득에 있어서 학습 동기의 종류별 역할에 대한 학자들의 견해 차이에도 불구하고 한 가지 분명한 점은, 동기의 종류가 어떤 것이건 간에 유발된 학습 동기는 학습 효과에 긍정적인 영향을 미친다는 점이며, 따라서 학습 효과를 높이기 위해서는 학습 동기를 유발시킬 수 있는 교수 전략이 필수적이라고 하겠다. 그렇다면 최근 교육부에서 정책적으로 추구하고 있는 의사소통 중심 교수법은 과연 우리나라 학생들의 학습 동기와 맞는 교수법인가? 유감스럽게도 이 질문에 대한 저자의 답은 부정적이다. 왜냐하면 우리나라 교육 상황을 제대로 아는 사람이라면 누구나 예상할 수 있듯이, 우리나라 학생들, 특히 고등학교 학생들의 가장 강한 학습 동기는 그 무엇보다도 대학수학능력시험에서 좋은 점수를 획득하는 것이며, 더구나 그들을 가르치는 교사들조차도 대학 입시를 위해서는 의사소통 중심 교수법보다 오히려 문법-번역 중심 교수법이 낫다고 생각하는 경우가 많기 때문이다(S.-A. Kim, 2002). 상황이 이렇다보니 시대적인 요구에 부응하여 아무리 정책적으로 의사소통 중심 수업을 강조한다 하더라도 막상 실제 교실에서는 진통적인 문법-번역 중심 교수법을 크게 벗어날 수 없는 형편이다. 따라서 학교 수업이 진정 개선되기를 바란다면 그 어떤 제안도 근본적으로 학생이나 교사들의 입장에서 볼 때 수용할 수 있고 또한 실행할 수 있는 것이어야 할 것이다.

외국어로서 영어를 학습하는 환경에서는 학생들이 교실에서 아주 한정된 시간에만 영어 공부를 하며, 교실 밖에서는 거의 목표 언어에 노출되는 기회가 없기 때문에, 교사가 목표 언어를 가능한 많이 사용하여야 하며, 또한 학생들에게도 의사소통을 위해 영어를 사용하는 기회를 가능한 많이 제공하여야 한다. 언어 습득이란 학습자 머릿속에 들어 있는 목표 언어 체계가 개발되는 것, 즉 원어민이 가진 체계에 보다 근접하도록 바뀌어 가는 것이라고 할 수 있으며, 이러한 언어 체계 자체의 변화 없이 단지 겉으로 언어 출력만 하게 한다고 해서 언어 습득이 되는 것은 아니다. 다시 말해서 상호작용(interaction)을 통한 언어 사용(language use)이 아닌 언어 연습(language practice)만 가지고는 언어 습득이 효율적으로 되기 어렵다. 이 점을 감안할 때, 만약 어떤 교사가 교실에서 학생들을 지나치게 통제하면서 학생들이 말해야 할 모든 내용을 자신이 준비하고 이끌어가는 형태의 수업을 한다면, 또한 교사는 늘 긴 문장의 질문을 하는 반면 학생은 '예', '아니오'와 짧은 같은 답만 하는 연습을 계속 하게 한다면, 이는 곧 학생을 듣고 구경만 하는 존재로 전락시켜버리는 행위와 다름없다고 할 수 있을 것이다(Belasco, 1983). 이 글을 읽는 독자들 중에는 설마 교사가 그럴까하고 의아해하는 사람도 있을지 모르지만, 수업 관찰을 적지 않게 해 본 저자로서는 적절한 교수기술 부족으로 교사들이 자신도 모르게 그런 수업을 하고 있는 경우가 적지 않다는 판단을 하지 않을 수 없다.

문법과 의사소통의 통합적 지도의 필요성을 교사들이 인식함에도 불구하고 이들을 통합해서 가르치시 못하는 데에는 이에 필요한 교사 자신의 지식과 훈련 부족이 아마도 가장 큰 원인이 아닌가 한다. 예전 방식에 여전히 집착하는 교사들은 종종 대학수학능력 시험을 포함해서 현재 우리나라에 존재하는 여러 가지 제약 때문에 의사소통 중심 교수법과 같은 새로운 교수법을 시도할 수가 없다는 의견을 피력한다. 사실 교사들의 이러한 의견에도 일리는 있다. 미흡한 환경을 비롯하여 교사들의 새로운 시도 자체를 막는 여러 가지 제약들이 산재하는 것도 사실이다. 하지만, 환경이 미흡하고 제약이 따른다고 해서 아예 노력 자체를 포기하는 것은 문제가 있다. 왜냐하면 현존하는 우리 교육 환경에서의 많은 한계에도 불구하고 교사들의 노력만으로도 교육의 질을 개선할 수 있는 부분도 상당히 많기 때문이다.

3. 이 책의 구성

이 책의 구성은 다음과 같다. 우선 제1장 서론에 이어 제2장에서는 이론적 배경으로 문법 지도의 역사, 문법 지도법에 관한 이해, 문형 연습의 유형, 그리고 문법 지도와 의사소통 능력의 배양에 대하여 기술하였다. 다음으로 제3장에서는 문법과 의사소통의 통합 지도의 필요성, 통합 지도의 단계, 그리고 통합 지도를 위한 교수 전략에 대해 소개하였다. 마지막으로 제4장에서는 문법 항목별로 세 단계(즉, 문법 설명, 언어 연습, 언어 사용)를 통한 통합 지도의 예시들을 열거하였다. 더불어 부록에는 불규칙 동사의 예, 동사구의 예, 문법과 의사소통을 통합한 중학교 수업 및 고등학교 수업의 예, 상황별로 소개된 교실 영어의 예, 그리고 흔히 알려진 영어 속담들을 참고로 소개하였다.

제2장 이론적 배경

1. 문법 지도의 역사
2. 문법 지도법에 관한 이해
3. 문형 연습(Drill)의 유형
4. 문법 지도와 의사소통 능력 배양

1. 문법 지도의 역사

한 언어의 문법이란 그 언어의 단어들(또는 단어의 일부들)을 조작하고 연결하여 보다 큰 의미 단위를 만드는 방법이라고 대략적으로 정의 내릴 수 있을 것이다(Ur, 1988). 물론 여기서 의미 단위가 연결되어 하나의 보다 큰 의미 단위를 형성하는 데에는 각 언어마다 나름대로 일련의 규칙들이 있다. 문법을 안다는 것은 이러한 규칙들을 알고 이 규칙들을 바탕으로 하여 그 언어 사용자들에 의해 받아들여질 수 있는 언어 형식을 생성할 수 있다는 것을 의미한다. 따라서 문법 체계에 대한 지식은 한 언어를 습득하는 데 있어서 필수적이라고 할 수 있다.

문법은 오랫동안 언어 교수에서 중심적인 위치를 차지해 왔으며, 의사소통 능력의 한 구성 요소로서의 문법은 지금까지 학자들이 제시한 그 어떤 의사소통 능력 모델에서도 배제된 바가 없었다(Canale & Swain, 1980; Cummins, 1980). 또한 그동안 외국어 습득에 관해 논한 사람들 중 그 누구도 문법에 대하여 어떻게 접근할 것인가에 대한 이견은 있었을지언정 학습자가 목표 언어의 문법 체계를 배울 필요가 없다고 말한 경우는 없다(Nunan, 1991). 하지만 언어 교수에서 문법이 차지하던 이러한 핵심적인 위치는 1970년대에 나타난 의미에 초점을 둔, 하지만 문법을 어떻게 가르쳐야 할지에 대해서는 일관된 의견을 내어 놓지 못하는 의사소통 중심 교수법에 의해 그 중요성이 도전을 받게 되었다(Celce-Murcia, 1991; Magnan, 1988; Yip, 1994).

역사적으로 볼 때 외국어 습득의 경우 문법을 어떻게 다루어야 할 것인가에 관해서는 두 가지 주요 질문이 던져져 왔다. 한 가지는 문법을 가르쳐야 할 것인지 안 가르쳐야 할 것인지 이며, 나머지 한 가지는 만약 가르쳐야 한다면, 어떻게 가르칠 것인가 하는 점이다(Ellis, 2002). 초기 연구들에서는 첫 번째 질문에 대해 몇몇 학자들이 부정적인 답을 하였다. 예를 들면 Krashen(1982)은 외국어 습득에서 필요충분조건은 이해 가능한 언어 입력(comprehensible input)과 학습자의 낮은 정의적 필터(a low affective filter)라고 주장하였다. 그에 의하면 형태(form)에 초점을 둔 교수가 아니라 의미(meaning)에 초점을 둔 교수만이 이러한 조건들을 만족시킬 수 있다는 것이다. 따라서 문법 지도를 따로 할 필요는 없다고 주장하였다. 마찬가지로 Prabhu(1987)도 문법 형태에 학습자의 주의를 집중시키는 것, 즉 문법 지도는 언어 습득에 도움이 되지 않으며, 따라서 언어 교수는 과제 중심(task-based)의 강의 요목에 따라 교실에서 의미 협상(meaning negotiation)을 벌일 수 있는 여건을 만들어 주는 데, 즉, 언어 사용을 할 기회를 주는 데 관심을 가져야 한다고 주장하였다.

문법 지도에 대한 초창기의 부정적인 주장들에도 불구하고, 그 이후 많은 다른 연구들이 문법 지도에 대한 긍정적인 견해와 함께 어떻게 가르쳐야 할 것인가에 대한 나름대로의 의견들을 제시하였다(Celce-Murcia, 1991; Doughty, 1991; Ellis, 2002; Fotos, 1994, 1998; Fotos & Ellis, 1991; Higgs & Clifford, 1982; Lightbown & Spada, 1990; Long, 1991; Mitchell, 1994; Mitchell & Redmond, 1993; Muranoi, 2000; Nunan, 1991; 1998; Richards, 2002; Savignon, 1991; Swan, 1985; Terrell, 1991; Tompson, 1996; VanPatten & Cadierno, 1993a, 1993b). 이러한 연구들 중 최근의 연구들에 의하면, 언어 특성에 관한 형태적 지도는 학습자가 나중에 그러한 언어 특성을 습득하는 데 관련이 있으며, 따라서 명시적 지도(explicit instruction)는 외국어 습득에 있어서 필요하기도 하고 또한 이로운 것이기도 하다는 것이다.

좀 더 구체적으로 문법 지도를 강조한 연구들의 예를 몇 가지만 들면, Higgs와 Clifford(1982)는 의사소통 기술보다는 인지적인 문법 기술을 가르치는 것을 강조하였는데, 그들에 의하면 의사소통 활동을 너무 일찍 강조하면 의사소통 능력이 낮은 학습자들의 경우 고착화(fossilization)현상을 유발하게 되어, 한 번 잘 못된 습관이 쉽게 고쳐지지 않는다고 한다. Fotos(1994) 역시 문법의 중요성을 강조하였는데, 그는 문법 지도와 의사소통적인 언어 사용이 통합될 수 있음을 역설하였고, 문법에 대한 의식고양(grammar consciousness-raising)을 강조하였다. 그의 설명에 의하면 문법 지도를 함으로써 목표 언어를 사용할 수 있는 능력을 바로 기른다기보다는 문법적 특성들에 학습자의 주의를 끌고, 그것들에 대한 의식을 고양시킴으로써 다음에 의사소통 시 언어 입력을 받았을 때 학습자가 그러한 특성들을 인식할 수 있게 하는 것이 중요하다는 것이다. 그에 의하면, 문법 그 자체가 중요한 과제 수행의 자료로 간주되기 때문에 문법에 대한 의식고양 과제(the grammar consciousness-raising tasks)는 언어 형태에 초점을 두면서 교사 중심의 문법 지도가 대부분인 우리나라와 같은 외국어로서의 영어(EFL: English as a Foreign Language) 교육 상황에서 특히 더 적절하다고 한다.

교실 상황에서 구체적으로 문법을 어떻게 다루어야 할 것인가에 대해 Nunan(1998)은 학습자가 한 번에 하나씩의 문법 사항을 배우게 하는 선형식 접근법(linear approach)에 대한 대안으로서 유기체적 접근법(organic approach)을 제안하였다. 그에 의하면 학습자는 언어를 단계별로 벽돌을 쌓듯이(in the step-by-step, building block fashion) 습득하는 게 아니라, 정원에서 꽃이 자라는 것과 같이 습득한다고 한다. 즉, 한 번에 한 가지 문법 사항을 완전하게 학습해 나가는 것이 아니라, 여러 가지 문법 사항들을 동시에 (그리고 불완전하게) 습득한다는 것이다. 꽃에 비유하자면 이러한 언어의 꽃들은 한꺼번에 피는 것도 아니며 같은 기간 동안 피어있는 것도 아니다. 같은 가지에서도 일부는 먼저 피고 지며, 일부는 이제 막 피려고 하는 꽃 봉우리도 있다. 어떤 가지에서는 심지어 한동안 시들다가 다시 꽃이 피기도 한다. 말하자면 이와 같이 꽃들이 모두 동시에 피었다 지는 게 아니듯이 우리의 문법 능력 또한 그렇게 발달한다는 것이다.

유기체적인 접근법은 교실 안의 교사들이 특정 수업 시간에 가르쳐야 할 목표 문법 항목에만 언어 사용을 제한하지 않고, 이전 수업에서 가르쳤던 문법 항목들도 포함시킬 수 있으며 또한 포함시켜야 한다고 조언하고 있다. 이는 이전 수업에서 교사가 이미 가르쳤지만 미처 터득하지 못한 학생들에게 다시 공부할 수 있는 기회를 주는 것도 필요하다는 뜻이다. 다시 말해서 교사는 이미 가르친 내용을 같은 수업 시간 내에서뿐만 아니라 여러 수업 시간에 걸쳐서 기회 있을 때마다 학생들이 다시 되새길 수 있도록 반복 제시할(recycling) 수 있어야 한다는 뜻이다. 보다 나중에 Ellis(2002)도, 문법 지도는 외국어습득에 있어서 당장의 효과를 가져다주지는 않을지라도 장기적인 효과는 있다고 주장하였다.

수업 시간이 주당 몇 시간으로 한정된 우리나라의 영어 교실에서는 효과적으로 의사소통을 할 수 있는 능력은 문법 규칙에 대한 체계적인 지도 없이 의사소통 활동(communicative activities)만으로 제대로 길러지기는 힘들다. 많은 양의 제대로 된 언어 입력을 생활 속에서 받을 수 있는 언어 환경이 아니기 때문이다. 따라서 어떤 형태로든 문법 지도가 필요하다는 데 대해서 대부분 학자들도 동의하고 있다(Batstone, 1994; Braidi, 1995; Bygate, 1994; Celce-Murcia, 1991; Ellis, 1995; Ellis, Basturkman, & Loewen, 2001; Fotos, 1994, Long, 1991; Vanpatten & Cadierno, 1993a, 1993b).

2. 문법 지도법에 관한 이해

1) 묵시적 지도와 명시적 지도(Implicit & Explicit instruction)

문법을 가르치는 효과적인 방법은 무엇일까? 이에 대한 답으로 제시된 묵시적(implicit) 지도와 명시적(explicit) 지도에 대한 논쟁은 학문 세계에서 거의 100년에 가까운 세월동안 지속되어 왔다. 묵시적 지도법이 학습자들에게 더 유리하다고 주장하는 학자들이 있는가 하면, 명시적 지도법이 더 효과적이라고 주장하는 학자들도 있고, 또한 그 두 가지를 결합하는 것이 더 효과적이라고 주장하는 학자들도 있다.

그렇다면 과연 묵시적 지도와 명시적 지도란 어떤 점이 다른 것인가? 묵시적 지도는 비록 보기나 실제 사용 방법이나 예시, 시각화 등을 제공할 수는 있지만, 학생들이 과제들로부터 무엇을 배워야 하는지에 대한 교사의 안내와 설명은 없다. 반면에 종종 직접 지도(direct instruction)라고도 일컬어지는 명시적 지도(explicit instruction)는 교사와 학생 간의 상호 작용을 면밀하게 구성한 교수를 의미한다. 교사는 가르쳐야 할 학습 목표를 분명하게 기술하여야 하며, 예정된 교수 순서를 밟아야 한다. 교사는 학생이 그날 배울 부분에 대해 얼마나 이미 알고 있는지 평가하여야 하며, 그 결과에 따라 가르칠 내용을 정해야 한다. 묵시적 지도는 학생들이 무엇을 얼마나 배웠는지, 학생 자신뿐만 아니라 교사마저도 확신을 할 수 없다는 점에서 자칫 체계적인 교육하고는 거리가 먼 것이 되기 쉽다. 따라서 학습 목표 달성을 해야 하는 우리나라와 같은 교실 환경에서는 묵시적 지도보다는 명시적 지도가 더 적합할 수도 있다.

명시적 문법 지도를 할 때 필요한 교수 단계는 다음과 같다. 첫째, 가르쳐야 할 문법 항목을 소개한다.

둘째, 학생들이 이해할 수 있는 설명을 제공한다.
셋째, 예를 들어 준다.
넷째, 학생들이 이해했는지 체크한다.

묵시적 문법 지도와 명시적 문법 지도의 장단점에 대해 언급하자면, 묵시적 지도는 우리가 모국어를 배우는 방법과 같다고 볼 수 있다. 어린 아이들이 말을 배울 때는 언어 규칙 같은 것에는 관심을 두지 않고 실제 상황에서 어떻게 사용되는 지에만 관심이 있다. 따라서 묵시적 지도는 언어사용에 있어서 주요한 기본 언어 기술을 익히는 데 도움이 된다. 다시 말하자면 묵시적 지도는 그냥 언어를 배우는 데(picking up a language), 혹은 외국어를 실용적으로 사용하는 데 더 적절한 방법이라고 할 수 있다.

반면에 명시적 지도는 언어 규칙을 배우는 데 도움이 되며, 문법과 구문에 대한 명확한 지식을 제공한다. 그리하여 명시적 지도는 그 언어의 특이한 부분, 즉, 예외적인 것들을 지적하는 데 효과적이다. 예를 들면, 어순이나 불규칙 동사에 대한 명확한 설명은 학습자들로 하여금 언어의 복잡한 부분에 대한 이해를 보다 잘하게 만들 수 있다. 하지만 명시적 지도는 암기를 부추길 수 있으며, 언어 규칙을 배우도록 함으로써 실질적인 언어 습득보다는 피상적인 언어 습득을 독려하는 경향이 있는 것도 사실이다. 즉, 언어를 실제 사용할 줄 아는 능력을 기르기보다는 사용할 줄 모르는 언어 규칙만 습득하는 경우가 많다. 또한 명시적 지도가 모든 학습자들에게 적절한 방법도 아니다. 명시적 지도는 논리적이고 수학적이며 구술 능력이 발달한 학습자들에게 보다 적절하며, 따라서 어린 아이들에게보다는 성인 학습자에게 보다 적절한 방법이다.

이상에서 묵시적 문법 지도나 명시적 문법 지도나 각각 장단점이 있음을 알 수 있다. 그렇다면 교사는 어떻게 하여야 하나? 아마도 가장 좋은 방법은 명시적 방법과 묵시적 방법 모두를 교수에 포함하는 것일 것이다. 어느 한 쪽이 다른 쪽 보다 좋은 것이 아니라, 학습자나 상황에 따라서 각각의 방법이 더 효과적일 수 있다는 것을 의미한다. 다시 말해서, 가장 효과적인 문법 지도 방법은 바로 학습 상황에 맞는 방법이라고 할 수 있으며, 이는 묵시적 방법이건 명시적 방법이건, 혹은 이 두 가지를 혼합한 방법이건, 지도의 종류 그 자체가 아니라 특정 집단의 학습자에게 보다 적절한 방법이라고 할 수 있을 것이다.

2) 형태 초점 지도(Focus on Form)

Long(1991)이 "형태 초점(focus on form)"이라는 용어를 처음 소개한 이후로 그 용어의 의미는 원래 사용되었던 의미보다 더 확대되어 사용되어 오고 있다. 오늘날 사용되는 "형태 초점"의 의미는 학자들의 정의에 따라 약간씩 차이가 있다. 기존의 많은 의사소통 중심 수업에서 볼 수 있었던 그런 부수적이고(incidental) 방대한(extensive) 것으로서의 형태 초점이 있는가 하면, 계획되고(planned) 집중적인(intensive) 것으로서의 형태 초점도 있다. 얼마나 체계적인가 하는 점에서 평가한다면 후자가 더 낫다고 할 수 있겠는데, 이 경우 형태 초점은 기존의 의사소통 중심 수업에서 하는 것처럼 다양한 활동을 통해서 여러 가지 언어 형태에 학생들을 노출시키고자 하는 그런 수업과는 달리, 미리 선택한 한 가지 언어 특성 즉 형태에 대해서 반복적으로 노출하는 것을 의미한다(Ellis, Basturkman, & Loewen, 2001).

전통적인 문법-번역 중심 수업에서도 언어 형태에 대해 초점을 맞추어 수업하기는 한다. 하지만 이러한 수업에서는 의사소통을 위한 문법 수업이 아니라, 마치 문법 그 자체를 학습의 목적인 것처럼 가르친다는 점이 다르다. 전통적인 문법-번역 중심 수업에서는 수업 시간에 다양한 문법 항목을 한꺼번에 가르치며(그리하여 이를 흔히 'focus on forms'라고 일컫는다), 학습자의 의사소통 능력을 기르는 것이 목적이 아니고 문법을 익혀 글을 해석하는 것이 목적이다. 반면에 요즘 강조되고 있는 형태 초점(focus on form) 수업에서는 의사소통 능력을 기르는 것이 언어 교수의 목적이다. 학자들은 이 둘의 차이를 설명하기 위해서 다양한 용어들을 사용하고 있어서 독자들이 다소 혼돈스러운 경우도 있다. 이 기회에 다양한 용어의 차이를 좀 더 명확히 소개하는 것도 도움이 되리라 생각된다.

우선 전통적인 문법-번역 중심 교수법(focus on forms)은 주요 목적이 어떤 문법 사항들을 어떤 순서로 가르쳐야 하는지를 기술한 문법적 혹은 구조적 교수요목(grammatical or structural syllabus)에 따라 언어 특성들을 가르치고 연습시키는 데 있다. 이러한 수업에서는 모방이나 암기, 또는 문법-번역과 같은 다양한 교수 방식이 포함될 수 있는데, 이 모든 것은 언어 특성을 한 번에 하나씩 체계적으로 가르쳐야 하는 것으로 보는 가정에서 출발한다. 반면에 Long(1991)이 처음 제시한 형태 초점(focus on form) 교수법은 주요 목적이 의사소통 활동 또는 과제 수행에 있다. 하지만 교사는 이 과정에서 학생들이 보다 정확한 언어 사용을 할 수 있도록 필요할 때 도와주기 위해 관여하는 역할을 한다. 원래 Long(1991)은 형태 초점(focus on form)을 반응적(reactive)이고 부수적인(incidental) 것으로 정의 내렸었다. 즉, 그가 말했던 형태 초점은 학생들이 의사소통 활동을 하거나 과제수행을 할 때 발생할 수 있는 어려움에 대해 교사가 반응하는 그런 종류의 교수를 의미하였다. 그리하여 초점을 맞추어야 할 언어 특성은 미리 결정되지 않고 수업 중 학생들의 반응에 따라 즉흥적으로 결정되는 것이었다. 하지만 최근 여러 학자들에 의해 사용되고 있는 형태 초점이란 용어는 그 의미가 다소 확대되어, 의사소통 활동이나 과제 수행 시 학생들이 어려움을 겪을 수 있는 특정 언어 특성에 대해 교사가 미리 예측하여 계획을 짜는 것을 의미하는데, 초점은 의미(즉, 의사소통)에 있지만 교사가 적절한 형태의 피드백을 주거나 또 다른 형태의 교수법적인 관여를 하는 형태의 수업이다 (Doughty & Williams, 1998; Long & Robinson, 1998).

한편, 보다 최근에 Spada와 Lightbown(2008)은 형태 초점 지도에 대하여 분리적 형태 초점 지도(isolated form focused instruction: isolated FFI)와 통합적 형태 초점 지도(integrated form focused instruction: integrated FFI)란 용어들을 사용하였는데, 이는 외국어 교수에서 언어 형태에 대해 학습자들의 주의를 끌기 위한 두 가지 다른 방법을 가리키는 것이다. 좀 더 자세히 설명하자면, 분리적 형태 초점 지도(isolated FFI)나 통합적 형태 초점 지도(integrated form focused instruction: integrated FFI)나 간에 둘 모두 학습자의 오류에 대한 피드백이나 언어 외적인 용어(예를 들면 문법 설명을 하기 위한 용어), 언어 규칙에 대한 서술, 설명 등을 포함할 수 있지만, 분리적 형태 초점 지도는 의사소통적 언어 사용과는 별도의 활동에서 제공된다는 점이 통합적 형태 초점 지도와 다른 점이다. 하지만 이 역시 의사소통 중심 수업(CLT)과/이나 내용중심 수업(CBI)을 포함하는 프로그램의 일부로서 제공된다는 점에서 의사소통에는 관심이 없던 예전의 문법-번역 중심 수업과는 다르다. 분리적 형태 초점 지도는 의사소통 활동이나 내용 중심 수업을 준비하기 위해서 사전에 제공될 수도 있고, 활동을 하고 난 뒤 교사가 판단할 때 학생들이 어려움을 느꼈던 부뷴에 대한 보충 차원에서 사후에 제공될 수도 있다. 그러므로 분리적 형태 초점 지도에서는 말 그대로 언어 형태에 대한 초점이 의사소통 활동이나 내용 중심 수업과는 분리되어 이루어진다. 하지만 이는 앞서 설명한 문법-번역 중심 수업에서의 형태 초점(focus on forms), 즉, 의사소통 활동이나 내용 중심 수업과는 직접 관련을 두지 않고 가르칠 문법 항목들이 미리 정해져 있는 문법 교수요목에 따라 문법만 가르치는 형태인 과거의 문법-번역 중심 수업과는 그 취지가 근본적으로 다르다.

반면에 통합적 형태 초점 지도는 의사소통 활동이나 내용 중심 수업 도중에 학습자의 주의를 언어 형태에 이끄는 수업을 의미한다. 이러한 정의는 계획적(planned)인 형태 초점이건 부수적(incidental)인 형태 초점이건 간에, Ellis(2002)나 Doughty와 Williams(1998)가 정의한 형태 초점과 일치한다고 볼 수 있다. 즉, 비록 형태 초점이 의사소통 활동 중에 일어나긴 하지만, 그것이 교사에 의해서 이미 예측되고 계획된 것일 수도 있고, 아니면 의사소통 활동 중에 부수적으로 일어나는 것일 수도 있다. 분리적 형태 초점 지도(Isolated FFI)는 학생들에게 특정한 언어 특성에 대해서 가르치는 것이 주된 목적이다. 이는 의사소통 활동 중에는 언어의 형태와 의미를 명확히 해 줄 수 있는 상황이 제공되지 않는 한, 학생들이 그런 언어 특성을 제대로 습득할 수 없다고 믿기 때문에 교사가 가르쳐야 한다고 보는 관점에서 비롯되었다. 반면에 통합적 형태 초점 지도(Integrated FFI)는 의미에 초점을 둔 학습 활동 중에 일어나며, 교사가 피드백이나 간단한 설명을 해줌으로써 학생들이 의사소통을 위한 상호 작용을 하는 데 있어서 의미를 보다 효과적으로 또는 보다 정확하게 표현하도록 도와주는 데 그 목적이 있다.

학자들 중에는 의미에 초점을 둔 학습 활동 중 언어 형태에 학습자들의 주의를 끄는 것을 항상 묵시적(implicit) 피드백이나 부수적인(incidental) 학습을 의미하는 것으로 생각하는 사람들도 있으나, 이는 항상 그렇지만은 않다고 Spada와 Lightbown(2008)은 주장한다. 왜냐하면, 교사의 인식과 학습자들의 인식이 서로 다를 수 있기 때문이라고 한다. 예를 들면 성인 학습자들의 경우, 비록 교사가 묵시적으로 피드백(예를 들면, 학습자의 표현을 바르게 고쳐서 다시 말해주는 'recast'의 형태로)을 주었다고 하더라도, 학생들 스스로는 그것을 묵시적이 아닌 명시적인 지도(explicit guidance)로 받아들여서 의도적인 언어 학습의 기회로 삼는 경우도 있기 때문이라고 한다. 뿐만 아니라, 교사의 묵시적 피드백이 언어의 형태에 관한 것이라는 점을 학습자들이 인지하였다고 하더라도 경우에 따라서는 학습자들은 교사가 형태에 주의를 끄는 목적 자체를 제대로 알지 못하는 경우도 있기 때문에, 교사의 묵시적 지도가 학생들에게 반드시 영향을 주었다고 보기가 어려운 경우도 있다.

이상 여러 학자들의 주장을 고려해 볼 때, 우리나라와 같은 EFL 상황에서는 형태 초점 지도가 반드시 필요하며, 교실의 여러 가지 제약을 감안한다면 형태 초점 지도 중에서도 통합적 형태 초점 지도보다는 분리적 형태 초점 지도가 현재 우리나라 실정에 더 적절한 지도법이라는 것이 저자의 판단이다. 쉽게 말하면, 예전처럼 수업 시간 내내 문법만 설명할 것이 아니라, 학생들의 의사소통 능력 향상을 위해서 문법을 가르쳐야 한다는 뜻이다. 이를 위해서는 수업 시간에 문법 설명에 할애하는 시간을 줄이고 배운 목표 구문에 대해 연습하고 그것을 이용해 의사소통 하는 활동을 늘려야 한다. 이에 대해 아마 많은 교사들은 제대로 문법을 설명하는 것만도 시간이 모자랄 지경이라고 하소연 할 것이다. 하지만 실제 교사들의 수업을 분석해 본 저자의 견해로는 지나치게 세세한, 제대로 유용하지도 않은 종류의 문법 설명은 줄이고 언어 연습과 언어 사용에 보다 많은 시간을 할애할 수 있는 여지는 여전히 남아있다는 판단이다. 물론 이를 위해서는 입시제도 개선을 비롯한 정책적인 뒷받침도 반드시 필요하다.

형태 초점 지도와 더불어 또한 교사들이 기억해야 할 점은, 학생들이 배우고자 하는 목표 구문이나 어휘를 내재화할 수 있기 위해서는 해당 수업 시간뿐만 아니라 다른 수업 시간에서도 그것들을 반복해서 접할 수 있도록 해주어야 한다는 점이다(Bragger, 1983). 이를 위해서 필요한 것은 학생들과 교사 모두에 의해서 그 목표 구문이나 어휘가 반복적으로 사용되도록 하는 것이다. 즉, 교사가 당일 수업 시간에만 가르치고자 하는 목표 구문이나 어휘를 사용했다고 해서 그것들이 바로 습득되는 것이 아니라, 여러 수업 시간에 걸쳐 기회가 있을 때마다 반복 사용하는 것이 필요하며, 학생들도 다양한 학습 활동을 통해서 반복적으로 목표 구문에 노출이 되고 사용하는 기회를 가져야 그것을 내재화할 수 있다는 의미이다.

3) 과정중심 지도(Processing Instruction)

학습자의 입을 통해 나오는 언어라고 모두 같은 것은 아니다. 비록 피상적인 결과물은 같을지라도 그 결과물이 나오기까지의 인지 과정은 매우 다를 수 있다(Gardner, 1987). 예를 들면 학습자의 입을 통해 나오는 표현은 단순한 기계적 연습(mechanical drill)의 결과물일 수도 있고, 학습자 내부에서 일어난 언어 습득의 결과물일 수도 있다.

Vanpatten과 Cadierno(1993a, 1993b)는 언어 습득이 일어나게 하기 위해서는 언어 출력(output)보다는 언어 입력(input)에 형태 초점 지도가 이루어져야 한다고 주장한다. 즉, 만약 교사가 지도를 통해서 단순히 학습자의 언어 출력만 조작하기보다는 학습자 머릿속에 들어있는 목표 언어 체계 자체를 바꾸고자 한다면, 다시 말해서 언어 습득이 일어나게 하고자 한다면, 언어 출력보다는 언어 입력이 학습자에 의해 인식되고 처리될 수 있도록 지도해야 한다는 것이다. 언어 습득이란 학습자 머릿속에 들어 있는 목표 언어 체계 자체가 개발되는 것, 즉 원어민이 가진 체계에 보다 근접하도록 바뀌어 가는 것이라고 할 수 있다. 이러한 언어 체계 자체의 변화 없이 단지 겉으로 언어 출력만 하게 한다고 해서 언어 습득이 되는 것은 아니다. Vanpatten과 Cadierno(1993a)는 이러한 과정 중심의 언어 교수를 전통적인 언어 교수와 비교하여 아래 그림들로 설명하였다.

Traditional Grammar Instruction vs. Processing Instruction

[From Vanpatten, B., & Cadierno, T. (1993), p. 46]

<그림1> Processes in Second Language Acquisition

input → intake → developing system → output

<그림2> Traditional Explicit Grammar Instruction in FL Teaching

input → intake → developing system → output
↑
focused practice

<그림 3> Processing Instruction in Foreign Language Teaching

input → intake → developing system → output
↑
Processing mechanisms
focused practice

즉, <그림1>에 나타나 있듯이, 외국어 습득 과정이란 학습자 외부에서 제공되는 언어 입력(input)이 학습자에 의해 흡입(intake)되어 학습자 내부에서 발달하는 언어 체계에 영향을 주어 그 결과가 출력(output)되는 과정을 가리킨다. <그림2>에 나타나 있듯이, 전통적인 문법 지도에서는 이러한 언어 습득 과정에서 교사가 학습자 내부의 언어 체계에는 영향을 주지 못한 채, 언어 출력(output)에만 영향을 주는 역할을 한다. 반면에 <그림3>에 나타나 있듯이, 과정 중심 지도(processing Instruction)에서는 학습자 외부에서 제공되는 언어 입력(input)이 학습자에 의해 흡입(intake)되도록 하기 위해서는 학습자의 인지과정 기제(processing mechanism)에 영향을 줄 수 있도록 지도를 한다. 인지과정 기제에 영향을 준다는 것은 학습자에게 의미 있는 학습 활동을 제공하는 것을 의미한다.

3. 문형 연습(Drill)의 유형

학습자들이 목표 구문을 스스로 사용할 수 있기 위해서는 우선 그것에 익숙해져야 한다. 문형 연습은 이를 위한 준비 과정이다. 외국어 교실에서 사용되는 문형 연습의 유형에는 다음과 같이 크게 세 가지가 있다. 첫째, 기계적 연습(mechanical drill), 둘째, 유의적 연습(meaningful drill), 셋째, 의사소통적 연습(communicative drill)이 그것들인데, 어떤 이들은 이들 중 세 번째 유형을 교실에서의 언어 사용(language use) 또는 의사소통이라고 보는가 하면, 또 어떤 이들은 교실에서의 언어 사용 또는 의사소통 활동은 정보 차(information gap)를 동반한 상호작용을 강조한다는 점에서는 교실 밖 실제 상황에서의 의사소통과 닮았지만, 여러 가지 면에서 실제 상황에서의 의사소통과는 결코 같다고 볼 수 없으므로 이를 유사-의사소통(quasi-communication)이라고 일컫기도 한다. 어쨌든 이 세 번째 유형의 핵심이자 또한 다른 두 유형과의 차이점은 대화를 나누는 사람들 사이에 정보 차(information gap)가 있어야 한다는 것이다.

최근 의사소통을 강조하는 수업에서 흔히 볼 수 있었던 현상 중 하나는 교사가 마치 기계직 연습은 모두 나쁜 것인 앙 서의 생략한다거나, 또는 유의적 연습(meaningful drill)과 의사소통적 연습(communicative drill)을 혼동하는 경우가 있다는 것이다. 그리하여 정보 차가 없는 유의적 연습만을 시켜 놓고도 마치 교사가 학습자들에게 의사소통할 기회를 준 것처럼 오해하고 있다는 점이다. 이러한 오해는 학생들로 하여금 말만 하게 하면 그것이 곧 의사소통하는 것이라고 착각하는 데에서 비롯된 것이다.

문형 연습의 세 가지 유형들은 나름대로 기여하는 바가 있으며, 따라서 의사소통 능력을 개발하고자 하는 수업이라고 하더라도 이 세 가지 유형을 적절히 활용하는 것이 필요하다. 다만 특정 집단의 언어 능력에 따라, 문형의 난이도에 따라 어떤 유형에 좀 더 시간을 할애할 것인가는 달라질 수 있다. 특히 초보자인 경우에는 의사소통 연습을 하기 전 기계적인 연습이나 유의적 연습 단계에 좀 더 많은 시간을 할애할 필요가 있을 것이다. 아직 학습자의 입에 익지도 않은 목표 구문을 실제 의사소통 활동을 위해 사용하기를 기대하기는 힘들기 때문이다. 또한 기계적 연습이 어느 정도 되고 난 뒤에는 유의적 연습도 필요하다. 이를 통해 학습자들은 다음 단계에 있을 의사소통적 언어 사용에 대한 준비를 하게 된다. 이러한 기계적 연습, 유의적 연습이 어느 정도 제공된 후에라야 비로소 학습자들은 목표 구문 사용에 대한 자신감을 갖게 된다.

문형 연습을 시킬 때 교사가 기억해야 할 사항은, 비록 언어 연습(practice)에 의해서 학습자의 입에서 나오는 표현과 실제 언어 사용(language use)을 통해서 화자의 입에서 나오는 표현이 겉으로는 같다고 할지라도 각각에서 요구되는 인지 과정들(cognitive processes)은 매우 다르다는 사실이다. 예를 들면, 학생 입에서 나온 "I was studying English."라는 표현은 단순히 교사가 하는 표현을 따라 반복한 것일 수도 있고, "What were you doing at that time?" 이라는 실제 실문에 대한 납일 수도 있는데, 이 경우 전자는 기계적 연습이고 후자는 언어 사용에 해당한다. 또 하나의 예를 들면, 교사가 2시가 그려진 시계 그림을 보여주면서 “What time is it now?”라고 물었을 때 학생의 입에서 나온 “It’s two o’clock.”은 유의적 언어 연습에 해당하지만, 수업 종료를 앞두고 교실에도 시계가 없고 자신도 시계가 없는 교사가 학생들에게 묻는 질문이라면 같은 답도 언어 사용에 해당한다. 앞의 두 예 모두에서 알 수 있듯이 질문을 하는 사람과 질문을 받는 사람 사이에 정보 차(information gap)가 있는 질문이라야 언어 사용에 해당한다. 언어 사용에서의 질문은 교사가 이미 답을 알고 있으면서 학생들이 답을 할 줄 아는지 확인하기 위해서 묻는 질문이 아니라, 정말 교사가 몰라서 묻는 질문이라야 한다. 언어 연습 때와는 달리 언어 사용에서는 질문에 대한 답이 어느 정도 예측할 수 없는(partially unpredictable) 부분이 있어야 한다. 즉, 정보 차가 있어야 한다는 뜻이다. 여기서 ‘어느 정도’라고 한 이유는 인간의 언어 사용에는 어느 정도 예측할 수 있는 부분이 있기 때문이다. 가령 교사가 10시에 시작한 45분짜리 수업에서 수업이 끝나갈 무렵 학생들에게 몇 시냐고 묻는다면 응답이 10시 45분 전이라는 것쯤은 당연히 예측하고 있다는 뜻이다. 수업 끝나는 종이 치지 않았기 때문이다. 이렇게 언어 사용에서의 질문은 부분적으로는 예측할 수는 있지만 어느 정도 예측할 수 없는 부분이 있는, 다시 말하자면 정보 차가 있는 질문이라야 한다. 그럼에도 불구하고 저자가 여태껏 관찰한 의사소통 중심 발표 수업들에서 적지 않은 교사들이 이러한 언어 연습과 언어 사용의 차이를 이해하지 못하고 있는 것을 목격하였다.

다음은 문형 연습의 세 가지 유형들 즉, 기계적 연습(mechanical drill), 유의적 연습(meaningful drill), 그리고 의사소통적 연습(communicative drill)에 대한 보다 구체적인 보기와 설명이다.

1) 기계적 연습(mechanical drill)의 예

(1) Repetition drill (반복 연습)

예) T: What time did you get up this morning?
Ss: What time did you get up this morning?

(2) Transformation drill (변형 연습)

예) T: It is sunny today.
Ss: Is it sunny today?
T: Is it cloudy today.
Ss: Is it cloudy today?

(3) Substitution drill (대치 연습)

예) T: When I say “windy”, you say “It’s windy today.” OK?
T: Sunny.
Ss: It’s sunny today.
T: Cloudy.
Ss: It’s cloudy today.

※ 위의 세 가지 기계적 연습의 예들 모두 경우에 따라 언어 형식과 의미가 분리될 수 있다는 점에서 약점이 있다. 즉, 자기가 말하는 문장의 뜻을 모르는 학생도 이런 종류의 연습을 따라할 수는 있다는 점에서 이런 기계적 연습은 언어 능력 향상에 기여하지 못할 수도 있다. 예를 들면 대치 연습의 경우, 가령 교사가 “Old.”라고 말하면 학생에 따라 “*It’s old today.”라는 문장을 말하고도 어디가 잘 못 되었는지 모를 수도 있다. 하지만 이러한 기계적인 연습도 학생들로 하여금 목표 구문에 보다 익숙해질 수 있게 도와주므로 나름대로 필요한 단계이기도 하다.

2) 유의적 연습(meaningful drill)

유의적 연습은 적어도 학습자가 그 뜻을 모르고는 할 수가 없다는 점에서 기계적 연습보다는 질적인 면에서 낫다고 하겠다. 하지만 이 경우에도 질문을 하는 사람과 답을 하는 사람 사이에 정보 차(information gap)가 없기 때문에 비록 서로 말을 주고받으며 상호작용을 하는 형태이긴 하지만 정보 차가 있는 의사소통 또는 언어 사용하고는 차이가 난다. 아래 예에서 볼 수 있듯이 교사가 질문을 하기 전에 이미 교사나 학생 모두 그림을 보고 시각을 알 수 있다. 다시 말하면 정보를 얻기 위해서 또는 주기 위해서 묻고 답하는 언어 사용이 아니라, 서로 이미 아는 것에 대해서 묻고 답하는 언어 연습일 뿐이다.

예) T: (Showing a picture of a clock) What time is it?
Ss.: It's 7:30.
T: (Showing another picture of a clock)
S1, what time is it?
S1: It's 6:40.

3) 의사소통적 연습(communicative drill)

의사소통적 연습은 실제 의사소통 상황에서처럼 말을 주고받는 사람 사이에 정보 차(information gap)가 있는 경우를 말한다. 어떤 이들은 이를 바로 의사소통 또는 언어 사용과 동일 시 하기도 하지만 또한 다른 이들은 교실에서의 의사소통은 아무리 그것이 정보 차를 가진 언어 사용이라고 하더라도 실제 상황에서의 의사소통과는 같을 수가 없으므로 이를 "유사-의사소통(Quasi-communication)" 또는 "의사소통 연습"이라고 일컫는다. 그 용어가 어찌되었건 간에 교실 상황에서 학생들의 의사소통 능력을 길러주기 위해서 교사가 할 수 있는 최선의 길은 바로 이러한 의사소통적 연습 또는 언어 사용의 기회를 가능한 많이 제공하는 것이다. 예를 들면 다음과 같다.

예) T: S1, What time did you get up this morning?

S1: I got up at 7:30.

T: Oh, did you? Did you have time for breakfast?

S1: No, I usually don't have breakfast.

T: Do you know that if you skip your breakfast, it's not good for your health?

S1: Yes, but I don't have 밥맛 in the morning.

T: Oh, you don't have *appetite*. But try to have some for your health. OK?

S2: OK.

T: Now, everybody, why don't you ask and answer each other? (Students talk in pairs.)

위의 예에서 알 수 있듯이 의사소통적 연습에서는 묻는 사람은 몰라서 묻고 답하는 사람은 자신이 가진 정보를 제공하는 것이다. 만약 이러한 정보 차가 없이 서로 묻고 답을 한다면 그것은 유의미한 연습은 되겠지만 의사소통적 연습은 되지 못한다. 하지만 아직도 적지 않은 교사들이 이러한 유의미한 연습과 의사소통적 연습의 차이를 정확히 이해하지 못하고 있는 것 같아 염려스럽다. 특히 수업 시작 시 흔히 사용되는 교사의 다음과 질문들은 그러한 염려들을 낳게 하는데, 사실은 이 Greeting 부분이 교사와 학생들 간에 학습 내용 외의 다른 것에 대해 의사소통할 수 있는 얼마 되지 않은 언어 사용의 기회인 점을 감안하면 교사들의 이러한 오해는 매우 유감스런 일이 아닐 수 없다. 아래 예에서 볼 수 있듯이 묻는 교사나 답하는 학생이나 모두 이미 알고 있는 날씨에 대해 질문하고 답하는 것은 정보 차가 없는 것으로, 언어 사용이 아니라 언어 연습에 해당한다.

예) T: Good morning, everybody. How are you today?
Ss: Fine, thank you.
T: How's the weather?
Ss: It's sunny.
T: What day is it today?
Ss: It's Thursday.
T: Excellent!
OK. Let's start today's lesson.

이상에서 문형 연습의 세 가지 유형을 살펴보았다. 하지만 기억해야 할 것은 그 세 가지 유형의 연습이 각각 나름대로 학습에 기여하는 바가 있으며, 따라서 기계적 연습은 무조건 나쁘다거나, 의사소통적 연습만 항상 효과적이라는 식의 생각은 하지 않는 것이 좋다. 교사는 학생 수준을 감안하여 어떤 종류의 문형 연습이건 필요할 때 적절히 활용할 수 있어야 할 것이다. 문법 설명을 명확하게 하지 않아 제대로 이해가 안 되었거나, 언어 연습을 제대로 시키지 않아 준비가 미처 되지 않은 상태에서 언어 사용을 강요할 수는 없다. 그렇다고 해서 문법 설명만 잔뜩 늘어놓는다거나 기계적이거나 유의적인 언어 연습만 시킨다고 해서 학생들의 의사소통 능력이 제대로 길러지는 것도 아니다. 의사소통 능력 배양을 위한 다양한 언어 사용 활동이 반드시 포함되어야 한다.

의사소통 또는 언어 사용을 위한 학습 활동의 특성은 유의적 상호작용(meaningful interaction), 정보 차 활동(information gap activity), 그리고 언어 기술의 통합 (integration of language skills)으로 요약할 수 있을 것이다. 교실에서의 언어 사용이란 바로 이러한 특성을 살려서 하는 학습 활동을 의미한다. 비록 수업 시간이 충분치 못하여 마음껏 언어 사용의 기회를 주지 못하는 근원적 한계가 있는 것은 부인할 수 없지만, 그렇다고 아예 언어 사용의 기회 자체를 주지 않는 수업이라면 문제가 아닐 수 없다.

■ 문형 연습을 위한 교수 전략

다음은 학생들의 언어 사용을 돕기 위한 전 단계인 언어 연습 단계에서 문형 연습이 보다 효과적인 것이 되기 위해서 교사들이 사용할 수 있는 교수 전략들을 기술한 것이다.

첫째, 학생들은 자신이 말할 표현들의 뜻을 정확히 알아야 한다. 따라서 교사는 목표 구문을 소개할 때 그 뜻을 명확히 설명해 줄 필요가 있다. 이는 문형 연습에서뿐만 아니라 사실상 모든 가르침에 적용되는 원칙이다. 어떤 내용이든 가르친다는 것은 학습자에게 그것을 이해시킨다는 것을 포함하기 때문이다. 내용을 제대로 알지도 못하는 구문을 연습시킨다면 이는 시간 낭비이며, 학습 동기만 저하될 뿐이다.

둘째, 교사가 시범을 보이든, 잘하는 학생들에게 시키든 간에 교사는 가르치고자 하는 목표 구문을 전체 학생들이 여러 번 들을 기회를 먼저 주어야 한다. 학습자들이 목표 구문을 말할 수 있기 전에 그 구뮤에 먼저 익숙해져 자신감을 갖게 도와주는 게 필요하기 때문이다. 제대로 들리지도 않는 문장을 스스로 말하게 하는 것은 무리이다.

셋째, 언어 사용이 아닌 언어 연습은 가능한 간단하게 하는 것이 좋다. 연습하고자 하는 문형의 난이도에 따라, 학습자의 언어 능력에 따라 언어 연습에 할애하는 시간이 다를 수는 있지만, 어떤 경우에든 학생들로 하여금 지겹다는 생각이 들만큼 연습시켜서는 곤란하다. 지나친 연습은 오히려 학습 효과를 떨어뜨린다. 언어 연습은 언어 사용을 할 수 있도록 준비시키는 과정이라야 한다.

넷째, 문형 연습을 하는 동안에는 학생들을 자주 호명하게 되는데, 이때 학생의 이름을 직접 부르기 보다는 적절한 제스츄어로 말할 학생을 지적하는 것이 좋다. 이는 잘하는 학생의 경우에는 문제가 없지만 만약 지명당한 학생이 답을 못할 경우 이름 불린 본인도 당황스러울 뿐 아니라, 다른 학생들의 뇌리에 지명 당해서 못한 학생의 이름을 각인시키는 비교육적인 효과가 있기 때문에 이를 피하기 위함이다.

다섯째, 문형 연습을 하는 동안 교사는 학생들에게 종종 피이드백을 주게 된다. 그런데 이 피이드백의 시기나 방법도 중요하다. 교사는 발표하는 학생이 표현을 잘하고 있을 때는 표정이나 제스츄어 등으로 잘하고 있다는 뜻을 전달하는 것은 좋으나, 구두로 하는 칭찬은 학생이 말하는 데 장해가 되지 않도록 발표가 다 끝나고 난 뒤로 미루는 것이 좋다. 피드백은 학생에게 도움이 되어야 하며 자신감을 북돋워 주도록 해야 한다. 중요한 오류의 경우 지적하는 것도 필요하지만 학생에게 창피를 주어 의기소침하게 만드는 일을 해서는 곤란하다.

마지막으로, 교사는 문형 연습의 각 유형 별로 얼마만큼의 시간을 할애할 것인가를 잘 숙고해야 한다. 이는 학생들의 연령 수준, 언어 능력, 등을 고려하여 결정하여야 한다. 언어 능력이 아직 많이 낮은 어린 학생들의 경우에는 그렇지 않은 학생들에 비해 기계적인 연습에 보다 많은 시간을 할애하는 것이 필요할 것이며, 언어 능력이 어느 정도 수준이 되는 경우에는 언어 사용 활동에 보다 많은 시간을 할애하는 것이 좋을 것이다. 다시 말하자면 이 책을 읽는 독자가 가르치게 될 학생들의 수준과 특성에 따라 실제 문형 연습의 내용과 분량은 달라져야 할 것이다.

4. 문법 지도와 의사소통 능력 배양

지난 수 십 년 동안 세계적으로 의사소통 중심 교수법의 강세에도 불구하고 그 동안 의사소통 중심 교수법이 반드시 보다 나은 학습자를 배출한다는 증거는 없으며(Richards, 1985), 보다 효율적인 의사소통 능력 배양을 위해서는 의사소통 중심 교수법 범주 안에서도 문법 지도는 반드시 포함되어야 한다고 주장해 온 학자들이 많다(Celce-Murcia, 1991; Doughty, 1991; Ellis, 2002; Fotos, 1994, 1998; Long, 1991; Richards, 1985; Stathis & Gotsch, 2011). 다만 중요한 것은, 문법은 그 자체가 목적이 되어서는 안 되며, 목적에 이르는 수단으로 간주되어야 한다는 점과(Celce-Murcia, 1991), 상황과 분리된 문장 속에서만 문법을 가르칠 것이 아니라, 문법도 항상 상황 속에서 다루어져야 한다는 점이다(Nunan, 1998).

문법 지도의 중요성에 대해 Celce-Murcia(1991)도 주장하기를, 문법을 가르치지 않는 교수법은 문법에 어긋나는 비문을 생성하게 하고 이를 고착화시킴으로써 언어 습득이 더 이상 진전되지 못하게 한다고 한다. 그녀에 의하면 문법 지도는 외국어 습득에 있어서 유창성과 정확성 둘 모두를 기르기 위해서 필요하다고 한다. 하지만 문법 지도를 한다고 해서 언제나 같은 효과를 가져 오는 것은 아니다. Celce-Murcia에 의하면 문법은 그 자체를 학습의 목표로 삼을 것이 아니라 의사소통을 위해서 학습할 때에만 의미가 있다고 한다. 다시 말하자면 문법은 의사소통과 분리되어 가르쳐서는 의미가 없다는 뜻이다. 또한 Savignon(1991)도 의사소통 능력을 기르는 데 있어서 문법 학습의 중요성을 강조하였는데, 그에 의하면 언어 능력 발달을 위해서 의사소통 활동에 참여하는 것은 아주 중요한 일이지만, 이러한 참여는 반드시 언어 형태(language form)에 주의를 기울이는 것을 필요로 한다는 것이다. 왜냐하면 언어 구조 혹은 문법은 언어가 어떻게 작동하는지에 대한 일련의 공유된 가정이기 때문에 이것 없이는 의사소통 자체가 불가능하기 때문이라고 한다.

세계적으로 외국어 교육 분야에서 의사소통 능력 개발을 위한 문법 지도에 대한 관심이 고조되면서 최근 한국에서도 외국어 지도 시 문법 지도가 포함되어야 한다는 취지의 논문들이 많이 나타났다(Hwang, 2000, 2001, 2004; Kang, 2004; B. Kim, 2002; M.-Y. Kim., 2002; S.-A. Kim, 2006b; W.-Y. Kim, 2004; H. Lee, 1999, 2002; 2003; H.-J. Lee, 2000, 2005; J.-H. Lee, 1999; J.-W. Lee, 1999; K.-S. Lee, 2002; Min, 2002; Shin, 1996). 이러한 논문들은 그동안 의미에 지나치게 치중하며 상대적으로 언어 형태에 대한 관심이 부족한 의사소통 중심 교수법만을 고수하는 이들에게 의미하는 바가 크다고 하겠다.

문법과 의사소통의 통합 지도에 대한 학자들의 주장에도 불구하고 현재 우리나라 영어 교실에서는 자의적이건 타의적이건 어느 한 가지 교수법에만 치우치는 영어 지도가 적지 않다는 것은 매우 유감스러운 일이다. 한 편에서는 (특히 고등학교 수업에서는) 여전히 전통적인 문법-번역 중심 지도를 고수하며 학생들에게 언어 사용의 기회는 거의 주지 않고 있는 게 사실이고, 다른 한 편에서는 제대로 된 의사소통 중심 수업을 하지도 못하면서 의사소통 중심 수업이라는 구실 아래 문법 지도를 등한시 하는 수업을 하고 있는 것이 우리의 영어 교육 현실이다(S.-A. Kim, 2006a, 2006b). 교수법은 교수/학습 상황을 고려해야 한다. 앞서 소개한 학자들의 주장을 종합해 보더라도 한국적인 상황에서는 문법 지도와 의사소통을 통합하여 지도하는 것이 최선의 방법이라고 판단된다.

제3장 문법과 의사소통의 통합 지도

1. 통합 지도의 필요성
2. 통합 지도의 단계
3. 통합 지도를 위한 교수 전략

1. 통합 지도의 필요성

우리가 언어를 가르치는 이유는 자연스런 환경에서는 아주 오래, 그래서 어떻게 보면 상당히 비효율적으로 진행된다고 할 수 있는 언어 습득 과정을 짧은 시간에 보다 용이하고 효율적으로 진행되게 하기 위한 것이다(Widdowson, 1990). 하지만 가르친다고 해서 모두 같은 효과를 거둘 수 있는 것은 아니며, 어떤 교수법을 사용하느냐에 따라 교수 효과는 매우 달라질 수 있다. 학자들의 주장에 의하면, 교실 상황에서 인어 입력을 제공하는 가장 좋은 방법은 문법 지도와 의사소통을 통합하는 것이라고 한다. 왜냐하면 그렇게 하는 것이 목표 언어의 구조뿐만 아니라 목표 언어에 대한 전반적인 이해를 높여주기 때문이라고 한다(Ellis, 1995; Fotos, 1994).

실제로 본 연구자가 그동안의 수업 관찰이나 설문 조사를 통해 연구한 바에 의하면(S.-A. Kim, 2002, 2003, 2005), ESL 상황에서나 가능한 의사소통 중심 교수법을 무리하게 따르려는 수업이나, 새로운 교육 정책이 무색하도록 옛날의 문법-번역 중심의 교수법을 그대로 고수하는 수업이나, 어느 쪽도 만족스런 효과를 거두지 못하고 있기는 마찬가지이다. 시대적 요구에 따라 학생들의 의사소통 능력을 개발을 해야 하는 의무도 있고 학생들의 특성도 과거와는 많이 달라진 만큼, 교사들의 가르치는 방식도 전통적인 문법-번역식 교수법과는 달라져야 함은 분명해 보인다. 그렇다고 현실적으로 문법을 무시할 수도 없는 실정에서 교사가 선택할 수 있는 길은 바로 문법과 의사소통의 통합 지도가 될 것이다. 여기서 말하는 통합 지도는 전통적인 영어 수업에서처럼 설명으로 끝나는 문법 수업, 즉, 문법 지식만을 위한 수업이 아니라, 배운 문법 지식을 바탕으로 의사소통 연습까지 할 수 있게 하는 수업을 의미한다. 그리하여 학생들이 해당 수입에서 배운 문법 지식을 내재화하는 데 도움이 되는 수업을 의미한다. 이는 물론 교사가 그에 필요한 교수 기술을 갖추었을 때 가능한 일이다. 더구나 우리나라처럼 여러 가지 현실적인 제약이 많은 EFL 상황에서는 교사의 적절한 교수 기술이 더욱 중요한 역할을 하게 된다.

최근 영어 교육 정책 면에서 의사소통 중심 수업을 강조하게 되면서 이에 대한 영어 교사들의 발표 수업이 많이 있어 왔고, 또한 이에 대한 연구들도 활발히 진행되어 왔다. 저자 또한 그러한 수업에 대한 연구들(S.-A. Kim, 2002, 2003, 2005, 2006a, 2006b, 2007a, 2007b, 2007c, 2007d, 2008a, 2008b, 2009)을 여러 번 수행했던 경험이 있는데, 이러한 연구들을 통해 저자가 내린 결론은, 현재 우리나라의 많은 영어 교사들은 의사소통 중심 교수법에 대해 스스로 익숙하다고 생각하지도 않으며, 또한 문법과 의사소통을 통합해서 지도하는 방법도 잘 알지 못하는 경우가 많았다. 이러한 연구들을 통하여 저자가 다시 한 번 느낀 점은, 우리나라와 같은 상황에서의 의사소통 중심 수업은 자칫하면 겉보기에는 화려해보일지 모르지만 실상은 학습 효과가 오히려 떨어지는 수업으로 흐르기 쉬우며, 그러한 수업으로는 언어 능력의 증거이자 또한 기초라고 할 수 있는 문법 능력의 배양이 극히 비효율적일 수도 있다는 점이다. 따라서 우리나라와 같은 언어 환경에서 효과적인 언어 습득을 위해서는 교실에서 어떤 식으로든 문법 지도를 하여야 하며, 또한 문법과 의사소통을 통합하는 지도라야 한다는 게 저자의 믿음이다.

오늘날 대부분의 학자들은 대체로 상호 간 의미 전달에는 관심 없이 언어 형태에만 초점을 두는 전통적인 문법-번역 중심 교수법이나 의미에 지나치게 집중하는 의사소통 중심 교수법 그 어느 한 쪽도 목표 언어에 있어서 학습자의 정확성과 유창성을 동시에 길러주지는 못한다는 데 동의하고 있으며, 정확성뿐만 아니라 유창성도 기르기 위해서는 문법과 의사소통의 통합 지도를 역설하고 있다. 이러한 학자들의 주장을 감안할 때, 오늘날 교육 정책으로 강조하고 있는 의사소통 중심 교수법에서도 언어 형태에 대한 지도, 즉, 문법 지도를 병행하는 것이 필요할 것이다.

최근 저자가 실시한 설문 조사 결과에 의하면, 영어 교사들은 오늘날 우리의 영어 교육 목표인 의사소통 능력 개발의 필요성에 대해 충분히 공감하고 있으며, 또한 의사소통 능력을 제대로 기르기 위해서라도 문법을 가르쳐야 한다는 점에 대해서는 별 다른 이의가 없다(S.-A. Kim, 2003). 그럼에도 불구하고 이 점에 있어서 교사들의 노력이 부족한 데에는 통합 지도에 대한 교사들의 지식과 훈련이 부족한 탓이 크다고 생각한다. 앞서 소개한 저자의 연구들에서도 많은 교사들이 의사소통 중심 교수법에 대한 정확한 이해가 부족할 뿐만 아니라 문법과 의사소통의 통합 지도에 대해서도 잘 알고 있지 못한 것이 드러났다. 따라서 현재 학교에서 진행되고 있는 문법 지도가 예전처럼 문법 지식 그 자체를 목적으로 하는 문법 지도에 머물지 않고 학생들의 의사소통 능력 향상에 도움이 되는 문법 지도가 되게 하기 위해서는 국가적 차원에서 교사들에게 필요한 지식과 훈련을 제공하는 것이 필요할 것이다.

2. 통합 지도의 단계

학생들이 목표 구문을 배워서 의사소통을 위해 사용할 수 있도록 돕기 위해서는 기본적으로 목표 구문에 대한 문법 설명과, 언어 연습 그리고 언어 사용의 세 단계가 필요하다. 예를 들어 현재완료 진행형을 가르친다고 할 때 각 단계 별로 가르칠 수 있는 좀 더 구체적인 교수 내용과 방법을 소개하자면 다음과 같다.

단계 1: 문법 설명

1) 교사는 예시문을 칠판에 적거나 파워포인트로 제시한다. 그리고 한국말로 그 뜻을 말해준다. 가능하면 예시문은 사실을 바탕으로 하는 것이 좋으며, 또한 학생들의 입장에서 볼 때 의미가 있고 흥미로운 것이어야 효과적이다.

예) • I have been driving my car for 10 years.
(나는 내 차를 10년 간 운전해왔다.)
• You have been learning English for 3 years.
(너희들은 영어를 3년 간 공부해왔다.)
• She has been living in the house for 20 years.
(그녀는 그 집에서 20년 간 살아왔다.)

2) 학생들의 시선을 목표 구문 이해에 집중시키기 위해서는 예시문의 핵심 부분을 강조해야 한다. 이를 위해서는 핵심 부분에 밑줄을 그을 수도 있고, 뼈대 구조만 칠판에 적을 수도 있다.

예) • I've been learning English for 6 years.
(나는 영어를 6년 동안 공부해왔다.)
• I've been learning English since 2005.
(나는 2005년 이후 영어를 공부해왔다.)
• have + been + …ing + for~ : ~동안 ~해왔다.
('ve) (since ~) : ~이후 ~해왔다.
has
('s)

※ 글이 아니라 말로 표현할 때에는 주로 줄인 형태('ve/ 's)로 쓴다.

3) 현재완료진행형(have(has) been ~ing)은 과거에 시작해서 현재까지 죽 계속되고 있는 일을 묘사할 때 쓴다. 뒤에는 주로 기간을 나타내는 단어인 'for ~ (~동안)'나 'since ~ (~이후로)'가 따라 나오는데, 경우에 따라 이 부분이 중요하지 않거나 화제의 초점이 아닐 때는 생략되는 경우도 있다. 또한 '~동안'의 뜻이라고 하더라도 'all ~'의 경우에는 앞에 'for'를 쓰지 않고 생략한다.

예) • I've been living in this house.
(나는 이 집에서 쭉 살고 있다.)
• They've been playing soccer all afternoon.
(그들은 오후 내내 축구를 하고 있다)

4) 학생들의 이해를 돕기 위해 보기를 들면서 목표 구문이 포함된 문장을 제시하고 해석한다. 그리고 따라 읽힌다. 이 때 시각적인 자료는 학생들의 이해와 기억에 도움이 되므로 함께 사용하는 것이 좋다.

<table>
<tr>
<td>
2005~2011</td>
<td>They've been learning English for six years.
(그들은 6년 동안 영어공부를 해오고 있다)
or
They've been learning English since 2005.
(그들은 2005년 이래로 영어공부를 해오고 있다.)</td>
</tr>
</table>

T: (위와 같이 영어 공부하는 그림과 목표 구문을 함께 띄워 주며 다음과 같이 설명한다.)
"Six years ago, in 2005, they began to learn English. It is now 2011, so I can say (6년 전인 2005년에 그들은 영어공부를 시작했어요. 지금은 2011년이고 지금도 영어공부를 하고 있어요. 따라서 이렇게 말할 수 있어요.):
"*They've been learning English for six years.*" or

"They've been learning English since 2005."

T: Do you understand? (Students nod.)
OK. Everybody, repeat after me.
They've been learning English for six years.

Ss: They've been learning English for six years.

T: They've been learning English since 2005.

Ss: They've been learning English since 2005.

단계 2: 언어 연습

- 위와 같이 목표 구문을 소개하고 한두 번 따라 읽는 정도로는 충분한 연습이 되었다고 볼 수 없다. 언어 사용을 위한 학습 활동을 하기 전에 학생들이 목표 구문에 익숙해 질 수 있도록 교사의 주도 아래 보다 많은 언어 연습이 필요하다. 현재완료진행형의 경우 언어 연습은 예를 들어 다음과 같이 할 수 있을 것이다.

1) 목표 구문을 이용하여 문장 만들기

- 교사는 아래 예문들의 앞 두 문장을 먼저 화면에 띄워준 뒤, 학생들로 하여금 목표 구문을 이용하여 문장을 먼저 만들어 보게 하고 답을 띄워준다. 그리고 전체 학생들이 함께 따라 읽게 한다.

예)

 2001 - 2011	• Ten years ago, in 2001, I started driving. • It is now 2011 and I still drive. So, I can say, *I've been driving for ten years*. or *I've been driving since 2001*.

 1996 - 2011	• Fifteen years ago, in 1996, I began to teach English. • It is now 2011 and I still teach English. So, I can say, I've been teaching English for 15 years. or I've been teaching English since 1996.
 2008 - 2011	• Three years ago, in 2008, I moved into my apartment. • It is now 2011 and I still live in the apartment. So, I can say, I've been living in my apartment for 3 years. or I've been living in my apartment since 2008.

2) 전체적으로 반복 연습 및 대체 연습

- 학생들로 하여금 목표 구문에 익숙해지게 하기 위해서 반복 연습(repetition drill)이나 대체 연습(substitution drill)을 한다. 교사가 그림을 화면에 띄워주면서 새로 대체해서 넣어야 할 단어 부분을 제시하면 학생들은 그 부분을 넣어서 새 문장으로 만든다.

예)

	(Five years, He) Ss: He's been driving the car for five years.
	(since 2007, She) Ss: She's been playing the guitar since 2007.
	(one hour, They) S1: They've been dancing for one hour.
	(all afternoon, They) S2: They've been playing soccer all afternoon.

3) 개별 참여 및 이해도 확인

- 화면에 목표 구문을 포함한 예문을 몇 개 그림과 함께 띄워준 뒤, 지원자나 몇몇 학생을 지명하여 해석하고 읽어보게 한다. 개별 학생을 지명할 때에는 교사의 요구를 감당할 수 있을 정도의 능력을 가진 학생들을 지명하는 것이 좋다. 어느 정도 전체 학생들이 목표 구문에 대해 익숙해졌을 즈음, 언어 능력이 좀 떨어지는 학생들에게도 감당할 수 있는 정도의 쉬운 질문으로 참여의 기회를 줌으로써 수업에서 소외되었다는 느낌이 들지 않도록 배려하는 것이 필요하다.

예)

	• We've been learning English since 5 years ago. (우리는 5년 전 이후로 영어공부를 해오고 있는 중이다.)
	• She's been talking on the phone for one hour. (그녀는 1시간 동안 전화 통화를 하고 있는 중이다.)
	• They've been playing basketball all afternoon. (그들은 오후 내내 농구를 하고 있는 중이다.)

단계 3: 언어 사용

1) 앞 단계를 통해서 어느 정도 학생들이 목표 구문에 익숙해지고 난 뒤에는 유의미한 언어 사용의 기회를 준다. 즉, 정보 차가 있는 의사소통을 하게 한다. 이 때 물론 교사가 자신의 예로 시범을 보여주는 것이 좋다.

예) T: (오늘 수업을 위해 교실에 갖고 들어 온 가방을 들어올리며)
"I bought this bag 2 years ago and I'm still using it. So, I can say, *I've been using this bag for 2 years*."

T: "Now, let me ask you. You all have your school bag. Right? How long have you been using it?" (pause)
"Can anyone answer my question?"

S1: "I've been using my school bag for one year."

T: "Oh, you have been using it for one year. That means it's not that old." "How about you, S2?"

S2: "I've been using it for two weeks."

T: "Oh, you bought it just two weeks ago. It must be new!"

※ 언어 사용 활동 시 학생들이 문장을 생성하는 과정에서 오류가 나오는 것을 교사가 일일이 수정하려고 해서는 안 된다. 왜냐하면 그것은 나름대로 시도해보고자 하는 학생들의 의지를 꺾는 일이기 때문이다. 그렇다고 그냥 내버려두는 것도 바람직한 일은 아니다. 다른 학생들에게 잘못된 언어 입력을 제공하는 결과를 초래하기 때문이다. 따라서 이럴 경우 교사는 틀린 것을 지적하고 수정함으로써 해당 학생을 당황스럽거나 부끄럽게 만드는 대신, 다음 예와 같이 그 학생이 말한 문장을 자연스럽게 수정해서 반복해줌으로써 학생들에게 올바른 언어 입력을 제공하는 것이 좋다.

예) S: *I've using it two month.

T: Oh, I see. You've been using it for two months.

※ 학생에게 질문을 할 때는 질문을 먼저 던지고 난 후 약간의 시간(pause)을 두고 개별 학생을 지명하는 것이 좋다. 이는 모든 학생들에게 질문에 대해 생각할 시간을 줄 뿐만 아니라, 혹시 자신이 지명당할지 모른다는 생각 때문에 모든 학생들이 약간씩은 긴장을 하는 효과를 줄 수 있기 때문이다. 만약 특정 학생을 먼저 지명하고 질문을 던지는 경우, 지명 받은 학생은 긴장하겠지만 나머지 학생들은 너

무 느긋해져 버려 질문에 대한 답은 생각해보려고 애쓰지도 않고 단지 지명 당한 급우가 잘하는지 못하는지 구경하려는 태도를 취할 수도 있다.

학습 효과는 학생들이 어느 정도의 긴장감을 유지하면서 학습 내용에 귀를 기울이고, 나름 그 내용에 대해 생각을 할 때 더욱 높아진다. 수업 중 학생들을 너무 긴장시키는 것도 좋지 않은 일이지만, 전혀 긴장감을 주지 않으면 수업에 집중하지 않는 것도 아이들의 특성인 만큼 교사는 이런 세세한 부분까지도 신경을 써서 균형을 맞추어야 한다.

예) T: How long have you been using your school bag?" (pause) "S1?"
S1: I've been using it for two months.
T: Oh, for two months. How about you, S2?
S2: Three years.
T: Oh, you've been using it for three years. It must be old. Are you going to buy a new one?
S2: No, not yet.

3. 통합 지도를 위한 교수 전략

교실 환경에서 외국어를 배운다는 것은 결코 쉬운 일이 아니다. 세심한 계획과 적절한 교수방법과 교수/학습자료, 필요한 경우 자료의 변형이 필요하며, 무엇보다도 교사의 지나친 간섭을 지양하고 학생들에게 목표 언어로 자신의 생각을 표현할 수 있도록 자유를 주는 것이 필요하다(Bragger, 1985). 하지만 실제 우리나라 영어 교실을 들여다보면 이런 점에서 개선되어야 할 점이 매우 많다. 좀 더 효과적인 수업이 되기 위해서 교사들은 우리 실정에 맞는 보다 실용적인 정보를 필요로 하는 반면, 문헌에서는 아직 그 요구를 충족시키지 못하고 있다. 해마다 영어 교육에 관한 수많은 논문들과 저서들이 쏟아져 나오고 있지만, 그 중 많은 것들이 이론적인 부분에 치중하여 막상 교사들의 필요를 충족시켜주는 자료를 찾기는 쉽지 않다. 이 점에서 학자들이나 자료 개발자들은 좀 더 각별한 관심을 기울여야 할 필요가 있다.

한 번은 저자가 학교 현장 수업을 참관하러 갔을 때이다. 중학교 1학년 영어로 하는 영어 수업이었는데 교사가 preposition(전치사) 등과 같은 어려운 문법 용어를 사용하면서 영어로 문법 설명을 하는 것을 목격하였다. 말할 것도 없이 그 설명이 학생들에게 제대로 이해되었을 리 없다. 그 수업을 관찰하면서 저자는 많은 사람들이 의사소통 중심 수업을 잘못 이해하고 있다는 생각을 지울 수가 없었다. 의사소통 중심 수업이란 반드시 영어로만 수업을 해야 한다는 뜻이 아니다. 학생들이 알아듣지 못하는 수업이 어째서 의사소통 중심 수업이 될 수 있겠는가? 교사는 언어 습득에서 그렇게도 자주 언급되는 이해 가능한 언어 입력(comprehensible input)의 중요성에 대해 알기만 할 것이 아니라 실천할 수 있어야 한다. 학생들이 이해하기 힘든 교사의 영어는 학생들에게는 소음(noise)에 불과하다. 이런 점에서 문법 설명은 학생들의 모국어로 하는 것이 옳다. 이 점에 대해서는 학자들도 모국어 사용을 권장하고 있다. 모국어로 설명해도 제대로 이해가 안 되는 경우가 많은데, 하물며 모국어가 아닌 외국어로 설명을 함으로써 학생들의 이해를 떨어뜨리는 행위를 교사 스스로 해서는 곤란하다. 무조건 영어로 한다고 해서 더 효과적으로 의사소통 능력이 배양된다고 생각하면 곤란하다.

엄밀히 말하자면 학생들에게 목표 구문을 익히도록 하기 위해서

라면 교사가 “정관사”, “접속사” 등과 같은 전문 용어는 사용하지 않아도 된다. 하지만 현실적으로 학생들이 접하는 문법 참고서 대부분에서 사용되고 있기 때문에 교사가 교실에서 그런 용어들을 소개하는 것 자체가 잘못되었다고 말할 수는 없다. 어렵지만 가르쳐주는 것이 오히려 학생들이 나중에 참고서를 보면서 혼자서도 공부할 수 있도록 도와주는 것이 될 수도 있을 것이다. 하지만 명심해야 할 점은, 우리가 이런 전문 용어들로 학생들의 머리를 자꾸 복잡하게 만들고 문법 공부를 어렵고 따분한 것으로 만들고 있다는 점이다. 현실적인 면을 고려해 볼 때 전문 용어 사용을 아예 배제하기는 어렵겠지만, 적어도 최소한으로 줄이려는 교사들의 노력만은 필요한 것 같다.

그 동안 정부에서는 교사들의 의사소통 중심 수업을 하도록 독려하고자 ‘영어 하는 영어 수업’을 강조해 왔고 실제로 일선 학교에서도 다양한 수업 발표가 있어왔다. 하지만 저자가 그동안 다양한 의사소통 중심 수업들을 관찰한 결과 내린 결론은 그 수업들이 그다지 학생들의 의사소통 능력 향상에 도움이 되는 수업들이 아니라는 것이다. 어떤 수업에서는 교사가 의사소통 중심 수업의 핵심인 정보 차 활동(information gap activities)을 거의 사용하지 않았으며, 또 어떤 수업에서는 학생들의 이해는 아랑곳없이 교사 혼자 영어로만 수업을 하는 형태였다. 또한 대부분의 수업에서 공통되는 점은 멀티미디어를 활용한 화려한 수업이지만 과연 그 내용이 학생들의 학습 과정에 얼마나 도움이 되었는지, 내재화에 얼마나 도움이 되었는지는 심히 의심스러운 수업들이었다. 학습 자료 간, 또는 학습 활동 간에 응집력이 매우 부족한 경우가 많았다. 한 마디로 말하자면, 발표 수업들은 남에게 보이기 위한 수업이라고 해도 과언이 아니다. 실제로도 적지 않은 교사들이 이러한 발표 수업을 위해서 미리 리허설(?)을 하는 것으로 알려져 있어서 평소 수업과는 거리가 있으며, 따라서 발표를 본 다른 교사들이 평소 자신의 수업에 적용하기도 어려운 경우가 많다는 것이 일반적인 인식이다. 쉽게 말하자면, 발표용 수업과 평상 시 수업 사이에는 적지 않은 괴리가 존재한다는 뜻이다.

의사소통 중심 수업이 보다 효과적인 수업이 되기 위해서 교사의 영어구사력이나 적절한 교수 기술은 대단히 중요하다. 보다 효과적인 수업을 위한 교수전략을 저자 나름대로 소개하자면 다음과 같다.

첫째, 교사의 목표 언어 사용이 학생 수준에 맞아야 한다. 학생들의 의사소통 능력을 효과적으로 기르고자 한다면 교사의 적절한 영어구사력은 필수적이다. 교사가 사용하는 영어가 자연스럽지 못하거나 학생 수준과 맞지 않는다면 언어 습득에 필수적인 유의미한 언어 입력에 도움이 되지 않는다. 교사의 영어 구사력이 좋다고 해서 수업이 항상 효과적인 것은 아니라는 점을 명심해야 한다. 중요한 것은 영어로 수업을 하느냐 안 하느냐가 아니라, 영어를 어떻게 사용하느냐이다. 이는 영어를 모국어로 구사하는 원어민이라고 해서 항상 효과적으로 학생들을 가르치는 것은 아니라는 사실로도 알 수 있다. 교사 자신이나 또는 잘하는 학생이 사용한 표현을 다른 학생들이 제대로 이해하지 못했다는 판단이 들 때는 그 표현을 쉽게 바꾸어서(paraphrase) 다시 말해주어야 한다. 이것이 바로 학생들에게 이해 가능한 입력(comprehensible input)을 조금이라도 더 제공하는 일이다.

둘째, 같은 뜻으로 얘기하더라도 다양한 표현을 동원하는 것이 좋다. 이는 학생들에게 다양한 언어 입력의 효과를 가져다준다. 저자가 참관했던 한 발표 수업에서 담당 교사가 학생들에게 칭찬의 의도로 또는 용기를 북돋우려는 의도로 'Good job!"을 수업 내내 연발하는 것을 보았다. 발표하는 학생이 잘 해도, 별로 잘하지 않아도, 교사는 계속 같은 표현으로 반응하였는데, 이는 별로 효과적이지 못하다. 같은 소리를 자꾸 듣는 것도 지겹고, 본인이 별로 잘했다고 생각하지 않는데도 칭찬을 한다면 그것도 별로 진정성이 없어 보인다. 학생들의 발표에 적절하게 반응하기 위해서는 교사의 언어 구사력과 적절한 교수 기술이 매우 중요하다.

셋째, 학생들이 사용하는 언어가 학생들에게 의미가 있어야 한다. 전통적인 수업에서처럼 학생이 말해야 할 표현들을 교사가 모두 준비하여 학생들은 수업 중 그대로 연습만 하는 그런 수업은 이미 의사소통 중심 수업이라고 할 수 없다. 학생들에게 의미가 있다는 말은 그들이 하고 싶은 말을 할 수 있도록 허용해야 한다는 뜻이며, 그들의 경험과 흥미에 맞는 내용이어야 한다는 뜻이다. 이는 다양한 학습 활동을 통해서 얼마든지 실현할 수 있는 일이다. 만약 어떤 학습 활동이 학생들 스스로 하기가 다소 어려운 부분이 있다고 판단되면 교사는 처음에 안내하는(initial guidance) 역할을 해주어야 한다. 때로는 필요한 어휘나 표현을 미리 가르쳐 주어야 할 경우도 있을 것이고, 또한 스스로 시범을 보여줘야 할 때도 있을 것이다.

넷째, 목표 어휘나 구문은 교사의 언어 사용을 통해서도 반복해서 언어 입력으로 제공되어야 한다. 이는 비단 같은 수업 내(within the class)에서만 해당하는 것이 아니라, 수업들 사이(across the classes)에도 해당하는 사항이다. 즉, 당일 수업 시간 내에서 목표 어휘나 구문을 반복해서 제공하는 것은 물론이고, 비록 당일 수업 시간의 학습 목표는 아니라고 하더라도 언제든지 기회만 닿으면 교사는 이전 수업에서 가르친 어휘나 구문들을 학생들에게 다시 일깨워줄(remind) 필요가 있다는 뜻이다. 이 모든 것이 결국 학습 내용을 학생들이 내재화시킬 수 있도록 하는 교사의 노력에 해당한다.

다섯째, 교사들 중에는 종종 학생들에게 발표를 하게 할 때 개별적으로 지원자에게만 발표 기회를 준다든가 또는 잘하는 학생들 몇 명만 지명하고 넘어가는 경우가 있다. 그리하여 나머지 대부분의 학생들은 언어 연습이나 언어 사용의 기회를 아예 갖지 못한 채, 자신보다 잘하는 학생들의 발표나 보고 있어야 하는 경우가 적지 않다. 잘하는 학생들이 항상 더 많은 연습의 기회를 가지는 셈이다. 교사의 도움을 더 많이 필요로 하는 학생들은 오히려 느린 학생들이기 때문에 이는 느린 학생들 입장에서 보면 매우 불공평한 일이라고 할 수 있다. 비록 수업 시간이 한정되어 있어 교사들 나름대로 애로 사항이 있다고 하더라도 다양한 교수 기술을 통해서 교사는 가능하면 많은 학생들에게 언어 연습 및 사용 기회를 줄 수 있도록 노력하여야 한다.

여섯째, 개별적인 질문으로 학생들의 이해력을 체크하는 것이 반드시 필요하다. 많은 발표 수업에서 목격한 부정적인 현상 중의 하나가 교사가 전체 학생들을 대상으로 또는 일부 잘하는 학생들에게만 질문을 던지거나 발표할 기회를 주고 그 외 학생들에게는 아예 질문을 하지 않거나 발표 기회를 주지 않는다는 것이었다. 물론 교사들 나름대로 애로 사항도 있었으리라 짐작이 된다. 질문을 했을 때 답이 잘 나오지 않으면 수업에 지장을 초래한다는 인식도 있을 것이다. 하지만 유능한 교사라면 어떻게든 가능한 많은 학생들을 수업에 참여시킬 줄 알아야 한다. 수준에 맞는 적절한 질문으로 좀 느린 학생들도 수업에 참여시킬 줄 아는 교사가 진정 유능한 교사이다.

일곱째, 교사는 언어 기술을 통합함으로써 학생들이 배우는 것을 보다 잘 내재화할 수 있도록 도와야 한다. 이는 곧 목표 어휘 또는 구문을 가르치기 위해서는 한 가지의 학습 활동만 하고 넘어갈 것이 아니라 다양한 학습 활동을 동원해야 한다는 뜻이다. 또한 학생들로 하여금 목표 구문을 이용하여 자기 자신이나, 가족, 친구 등에 대해 말할 기회를 줌으로써 학습자 개인에게 보다 의미 있는 학습 활동이 되게 하여 목표 구문을 내재화 하는 데 도움이 되게 한다.

여덟째, 요즈음은 컴퓨터를 비롯하여 좋은 학습 기자재들이 매우 많다. 하지만 그것들이 교사를 대신 할 수는 없으며, 학습을 돕기 위해서 교사가 활용하는 것일 뿐이다. 따라서 교사가 지나치게 그것들에 의존해서 수업을 한다면 이는 주객이 전도된 것이나 다름없다. 요즈음 영어 수업들을 관찰해보면 교사들이 그것들을 남용하는 경우가 종종 있다. 아예 컴퓨터실에서 영어 수업을 진행하는 경우도 없지 않았다. 하지만 이는 의사소통 능력을 개발하겠다는 교실에서는 지양되어야 할 일이다. 의사소통 능력 개발은 기계가 아니라, 교사와 학생들, 학생과 학생들 사이의 상호 작용을 통해 길러지는 것이 효과적이다. 아무리 컴퓨터 프로그램이 잘 개발되었다 하더라도 기계가 할 수 있는 일은 극히 제한적이다. 말은 사람들끼리 소통하기 위한 것이라는 점을 기억해야 한다.

아홉째, 교실 수업만으로 외국어습득을 잘 할 수 있다고 생각하면 큰 오산이다. 교실 밖에서는 영어를 사용할 기회가 거의 없는 대부분의 우리나라 학생들에게 있어서 교실 수업에서의 한정된 시간만으로는 성공적인 영어 능력 개발은 요원하다. 결국 우리나라와 같은 상황에서는 영어를 열심히 공부하는 사람이 영어를 잘하게 되어 있다. 다만 그 공부하는 내용이 의사소통 능력 개발에 도움이 되는 내용이라는 전제에서 말이다. 이 때 교사의 역할이 중요하다. 교사의 역할은 교실에서 가르치는 것만으로 끝나는 게 아니다. 교사는 학생들이 교실에서 배운 내용을 숙제를 통해 가정에서도 계속할 수 있도록 하는 것이 필요하다. 이 때 교사의 도움이 없어도 잘 할 수 있는 학생들도 없지 않지만 좀 더 효과적인 학습을 위해서는 교사의 안내와 도움이 필요하다. 이를 위해 교사는 자신의 웹사이트가 필요하다. 그런데 불행하게도 요즈음 교사들이 수행과제로 내는 숙제들 중에는 그 효과에 비해 학생들의 시간을 너무 많이 뺏는 숙제가 없지 않은 것 같다. 숙제를 위해 인터넷을 뒤지느라 많은 시간을 뺏기는 숙제가 바로 그런 것이다. 교사는 학생들이 숙제를 하기 위해 필요한 사이트를 직접 알려주어야 할 필요가 있다. 그리고 숙제를 하는 데 어려움을 느끼는 학생들을 위해서 예를 제시해 줄 필요도 있다. 숙제를 하겠다는 의지가 있고 노력만 하면 아무리 못하는 학생이라도 숙제는 할 수 있어야 한다. 그럴 수 있도록 도와주는 것이 교사의 역할이다.

마지막으로, 개인차는 교사가 외면할 수 있는 문제가 아닌 심각한 현실이다. 사교육 여파로 공식적으로 초등학교에서 영어를 배우기 시작하는 때부터 이미 개인 학생들의 수준 차는 상당하다. 이렇듯 다양한 수준의 학생들을 한 교실에서 가르쳐야 하는 교사들의 입장이 어려울 것이라는 점 충분히 이해가 간다. 그렇다고 뻔히 존재하는 심각한 개인차를 무시하는 것도 교사로서의 책무를 외면하는 일이 될 것이다. 그렇다면 어떻게 할 것인가? 저자의 해답은 하나다. 시간적으로 한정되어 있고 진도도 나가야 하는 수업 특성상 수업 중 이 문제를 해결하기는 어렵다고 본다. 수업 중에는 커리큘럼에 정해져 있는 부분을 다루는 게 원칙이라고 생각한다. 또한 선행학습이 지나치게 많이 되어 있어 수업 중에 배울 게 없는 학생들보다는 뒤처지는 학생들에게 먼저 관심을 보이는 게 우선이라고 생각한다. 이를 위해서 물론 교사는 수업 시간 외에도 학생들에게 도움을 줄 수 있어야 한다. 요즈음은 컴퓨터 덕분에 이것이 한결 용이하다. 교사의 웹사이트에 들어가면 학생들이 수업 시간에 배웠던 내용을 좀 더 상세하게 복습할 수 있게 해주는 것이 좋다. 그리하여 뒤처지는 학생들이라도 공부할 마음만 있으면 얼마든지 교사로부터 도움을 받을 수 있는 환경 조성이 필요하다. 이는 궁극적으로 사교육을 줄이는 데에도 기여할 수 있을 것이라 생각된다.

학생들을 가르치는 데 있어서 최상의 교수법이란 없다(Prabhu, 1990). 어떤 교수법도 특정 교수 · 학습 상황에 따라 그 효과가 달라질 수 있다는 뜻이다. 따라서 이상에서 소개한 교수전략을 바탕으로 실제 각 교사들이 처한 교수·학습 상황에서 어떻게 가르쳐야 할 것인가는 궁극적으로는 교사 스스로 판단해야 할 몫이다.

제4장 문법 항목별 통합지도의 예시

1. 어순
2. 관사와 한정사
3. 명사와 대명사
4. 형용사
5. 부사
6. 동사
7. 조동사
8. 소유격과 소유대명사
9. 전치사
10. 긍정문과 부정문
11. 의문문
12. 능동태와 수동태
13. 비교급과 최상급
14. 동명사
15. to 부정사
16. 현재형과 현재진행형
17. 과거형과 과거진행형
18. 현재완료형과 현재완료진행형
19. 과거완료형과 과거완료진행형
20. 미래형
21. 미래진행형과 미래완료형
22. 관계절
23. 조건절
24. 가정법
25. 직접화법과 간접화법
26. ~하는 편이 낫다
27. 너무 ~해서 ~할 수 없다
28. 과거의 습관
29. 가주어(It)와 진주어
30. 접속사

앞 장에서 제시된 교수 전략을 바탕으로 본 장에서는 실제 문법 항목들을 교실에서 어떻게 다루어야 할지에 대해 소개하였다. 다시 한 번 언급하지만 아래에 기술된 내용은 문법과 의사소통을 통합시키는 방법에 대한 일반적인 아이디어를 소개한 것이며, 모든 교사가 반드시 따라야 할 사항은 결코 아니다. 가장 효과적인 방법은 해당 학생들을 가르치는, 그래서 그 학생들을 가장 잘 아는 교사에 의해서 개발되어야 할 것이다.

이 장에서 소개하는 각 문법 항목 별 통합 지도는 기본적으로 문법 설명(grammar explanation), 언어 연습(language practice), 그리고 언어 사용(language use)의 세 단계로 이루어져 있다. 제1단계인 '문법 설명' 부분에서는 교사가 학생들에게 목표 구문을 이해시키기 위해서 설명을 하는 단계이다. 모든 학습이 이해를 바탕으로 해야 하기 때문에 학생들이 제대로 이해할 수 있도록 구문에 대한 교사의 알기 쉬운 설명이 요구된다. 다음으로 제2단계인 '언어 연습' 부분에서는 제1단계에서 이미 설명하여 이해된 부분에 대해 연습을 하는 기회를 줌으로써 학생들이 목표 구문에 익숙해질 수 있게 하는 단계이다. 마지막으로 제3단계는 제2단계를 거치면서 어느 정도 익숙해진 구문을 학생들에게 실제 사용하는 기회를 주기 위한 단계이다. 비록 교실에서 수업을 하는 상황이므로 교실 밖 실제 상황에서의 의사소통과 완전히 같다고 할 수는 없겠지만(그래서 혹자는 이를 '유사-의사소통(quasi-communication)'이라고 일컫기도 한다.), 그래도 교실 밖 상황에서의 언어 사용처럼 정보 차(information gap)가 있는 언어활동이므로, 이러한 제3단계를 일반적으로 의사소통 활동 또는 언어 사용이라고 말한다. 여기서 한 가지 언급하고 싶은 것은 학습자로 하여금 말을 하게 하는 것이 곧 언어 사용은 아니라는 점이다. 제2단계인 언어 연습 단계나 제3단계인 언어 사용 단계 모두 결과(product)면에서는 학습지의 입에서 같은 영어 문장이 나오지만 학습자 내부에서 일어나는 과정(process)은 두 단계에서 매우 다르다는 점을 교사는 기억해야 할 것이다. Rivers(1983)는 이 둘을 구분하여 전자를 기술습득 활동(skill-getting activity)으로, 후자를 기술사용 활동(skill-using activity)으로 일컫기도 하였다.

문법과 의사소통의 통합 지도라는 책 제목에서도 알 수 있듯이, 위의 세 단계 중 제1단계는 전통적인 문법-번역 중심의 교수법(grammar-translation approach)에서, 제2단계는 청화식 교수법(audio-lingual approach)에서, 그리고 제3단계는 의사소통 중심 교수법(communicative approach)에서 주로 사용하는 핵심 학습 활동이라고 할 수 있다. 비록 가르치고자 하는 개별 문법 항목은 다르다고 할지라도 문법에 대한 설명을 하고 연습을 시킨 뒤, 언어 사용을 하게 하는 데 있어서 공통적으로 적용될 수 있는 교수 원칙들을 정리하면 다음과 같다.

첫째, 학습은 이해를 바탕으로 해야 한다. 학생들의 이해가 충분하지 않은 상태에서의 언어 연습이나 언어 사용은 언어 습득에 도움이 되지 못한다는 점을 교사는 기억해야 할 것이다. 의사소통 능력을 기른다는 명목으로 이해도 제대로 되지 않은 상태에서 언어를 사용하게 하는 것은 오히려 학습 동기와 학습 효과를 떨어뜨리는 결과를 낳게 된다.

둘째, 목표 구문을 가르치기 위해서 교사가 제시하는 예문들은 가르치고자 하는 목표 구문 외의 다른 부분에서는 학생들이 어려움을 느끼지 않는 것이라야 하며, 예문의 내용은 가능한 학생들의 흥미와 경험에 맞는 것이 효과적이다.

셋째, 연습의 양은 목표 구문의 난이도에 따라 조절될 수 있지만 학생들이 목표 구문에 익숙해질 정도로 충분하여야 한다. 하지만 지나치게 많이 연습시키는 것 또한 학생들을 지겹게 만들 수 있다는 점도 기억해야 한다.

넷째, 일반적으로 연습을 시킬 때 처음에는 전체 학생을 대상으로, 다음에는 자원자(volunteer)를 대상으로, 그 다음에는 소극적이거나 다소 느린 학생을 지명하는 순으로 하는 것이 좋다. 이렇게 함으로써 다소 이해가 느린 학생에게도 좀 더 시간을 주고 다른 학생들이 하는 것을 보고 배울 수 있게 함으로써 자신이 시도할 때 좀 더 자신감을 갖게 하는 효과가 있다.

다섯째, 학생들의 의사소통 능력을 기르고자 한다면 교사의 설명과 연습에 그치는 학습이 아니라, 학생들이 배운 목표 구문을 자신의 경험이나 생각을 표현하는 데 사용할 수 있도록 해 주어야 한다. 언어 사용을 위한 학습 활동에서는 언어 형식(form)보다는 내용(content)에 초점을 맞추는 것이 필요하다. 이 과정에서는 학생들이 다소 실수를 하더라도 교사가 일일이 고치려고 하는 것은 바람직하지 못하다. 실수를 한 학생이 당황스럽고 창피하게 느끼지 않도록 학생들의 실수를 기술적으로 처리하는 것이 필요하다.

여섯째, 언어를 배우는 교실에서는 학생들이 자유롭게 자신의 영어를 시험해 보도록 유도하는 것이 필요하다. 실수를 두려워해야 하는 분위기에서는 자율적인 언어 사용을 기대하기 어렵다.

일곱째, 제3단계인 언어 사용 단계에서는 반드시 해당 수업 시간에 배운 목표 구문 외에도 다른 언어 사용도 가능하도록 해야 한다. 그럼으로써 의사소통 내용이 보다 자연스럽고 풍부해질 수 있다.

각 문법 항목 별로 앞서 언급한 세 단계로 구체적인 교수 절차 및 내용의 예를 소개하면 아래와 같다.

1. 어순 (Word order)

단계 1: 문법 설명

1) 영어와 한국어의 어순 차이 설명

- 언어마다 나름대로의 어순이 있다. 영어와 한국어는 어순이 달라서 영어를 학습하는 한국 학생들은 종종 이 어순에서 실수를 하기도 한다. 영어의 어순(word order)은 기본적으로 "S + V + O"이며 따라서 "S + O + V"인 한국어와는 다르다. 즉, 영어에서는 일반적으로 주어(**S**ubject) 다음에 동사(**V**erb)가 오고 다음에 목적어(**O**bject)가 온다.

예)

<영어>	<한국어>
I eat breakfast. s v o	나는 아침을 먹는다. s o v
We study English. s v o	우리는 영어를 공부한다. s o v

2) 주어, 동사, 목적어 외에 다른 품사들은 다음과 같이 쓰인다.

(1) 전치사: 명사(구) 앞에 쓰인다.

예) • I go to school. (school: 명사)

• The computer is on the desk. (the desk: 명사구)

• My room is on the second floor of her beautiful house. (the second floor: 명사구 / her beautiful house: 명사구)

※ 명사구란 명사와 명사 앞의 관사, 그리고 그 외 명사를 수식하는 모든 품사를 통틀어 일컫는데, 쉽게 말하자면 두 개 이상의 단어가

모여서 하나의 명사 역할(즉, 주어, 보어, 목적어 등)을 하는 것이라고 생각하면 된다.

예) • Our students like to study in the new library.
주어 / 전치사의 목적어
(우리 학교 학생들은 새 도서관에서 공부하는 것을 좋아한다.)

• The tall, handsome man is our new history teacher.
주어 / 보어
(그 키 크고 잘생긴 남자가 우리의 새 역사 선생님이시다.)

• Most students don't like extremely difficult exams.
주어 / 동사의 목적어
(대부분의 학생들은 지나치게 어려운 시험을 좋아하지 않는다.)

(2) **형용사**: 명사 앞에 쓰여 명사를 수식하거나, be동사 뒤에 쓰여 주어의 보어로, 또는 목적어 뒤에 쓰여 목적어의 보어로 쓰인다.

※ '보어'란 보충해준다는 뜻으로 없으면 문장이 완성되지 못한다.

예) • She is a smart girl. (명사 수식) '그녀는 영리한 소녀이다.'
• She is diligent. (주어에 대한 보어) '그녀는 부지런하다.'
** 부지런한 사람은 주어인 She이므로 주어에 대한 보어
• I made my mom happy. (목적어에 대한 보어)
'나는 나의 엄마를 행복하게 만들었다.'
** 행복한 사람은 목적어인 나의 엄마이므로 목적어에 대한 보어

(3) **부사**: 부사는 형용사, 부사, 또는 동사를 수식하며 형용사나 부사 의 앞에, 그리고 동사의 앞이나 뒤에 쓰인다.

예) • She is really beautiful. (형용사 'beautiful'을 수식)
• She dances really beautifully. (부사 'beautifully'를 수식)
• I often cry. (동사 'cry'를 수식)
• We study English hard. (동사 'study'를 수식)

(4) 장소(place), 때(time), 방법(manner)을 나타내는 부사(구)

① 장소, 때, 방법을 나타내는 부사(구)는 주로 동사 뒤에 쓰인다.

예)(장소) • I go to school. '학교에'
• He drives to work. '직장에'
(때) • They came last Sunday. '지난 일요일에'
• People swim in summer. '여름에'
(방법) • She danced beautifully. '아름답게'
• He swam drove away slowly. '천천히'

② 부사(구)를 가끔 문두에 쓰기도 하는데, 이는 그 부분을 강조하려는 의도가 있다.

예) • On Sundays he visits us. (일요일에 그는 우리를 방문한다.)
• Every morning I take exercise. (매일 아침 난 운동을 한다.)
• Slowly she walked away. (천천히 그녀는 걸어갔다)

③ 장소(place), 방법(manner) 때(time)를 나타내는 부사(구)들이 함께 쓰일 때는 '장소(place) + 방법(manner) + 때(time)'의 순으로 쓰인다.

예) • She danced in the party beautifully last Friday.
장소 방법 때
• Students come to school with their lunch every day.
장소 방법 때

④ 장소(place), 방법(manner) 때(time)를 나타내는 부사(구) 중 같은 종류가 여러 개 함께 쓰일 때는 작은 단위부터 먼저 쓰인다. 이는 큰 단위부터 먼저 쓰는 한국어와는 반대이다.

예) • I am from Busan, South Korea. (장소)

(나는 <u>대한민국</u> <u>부산</u> 출신이다.)

- I went to bed <u>at ten</u> <u>last night</u>. (때)

(나는 <u>지난 밤</u> <u>10시에</u> 잠자리에 들었다.)

단계 2: 언어 연습

1) 어순 바로 고치기

- 제시한 문장들의 잘못된 어순을 학생들로 하여금 고치게 하고 완성된 문장을 다 함께 읽어보게 한다.

예) • All the students <u>for the exam</u> <u>studied hard</u>.

→ ____

(학생들 모두 열심히 시험공부를 하였다.)

• I met on my way to school one of my old friends.

→ ____

(나는 학교 가는 길에 옛 친구를 한 명 만났다.)

• I called my mom last night right after the accident.

→ ____

(나는 어제 밤 그 사고 직후 엄마께 전화했다)

2) 한국어 해석을 바탕으로 영어 문장 만들기

(1) 교사가 뒤섞인 단어들을 화면에 제시한 뒤, 학생들은 단어를 올바른 순서로 만들어 문장을 말한다. 초보자나 언어 능력이 모자라는 학생들의 경우, 문장을 스스루 만들어 내기에는 영어능력이 부족하기 때문에 그림을 보고 바로 묘사하기는 어렵다. 따라서 뒤섞인 단어들을 교사가 제시하고 학생들은 어순을 바로 잡아 문장을 만드는 정도의 활동을 하게 할 수 있다.

예) T: Put the mixed words in the right order to make a grammatical sentence for each picture.

1		2		3		4	
5		6		7		8	

1. is mechanic The fixing tier the flat .

   The mechanic is fixing the flat tire.

2. The is traffic ticket giving officer Mr. Brown a .

   ____

3. carrier is the delivering mail the letters .

   ____

4. baby is The pushing sitter the in the baby stroller.

   ____

5. The fighter is out fire putting fire a .

   ____

6. The is standing cleaner on window ladder the .

   ____

7. passers-by is the directions giving Peter .

   ____

8. The garbage is city helping collector to the keep clean .

   ____

(2) 교사는 개별 학생들을 지명하여 문장을 말해보게 한 후, 학생들이 말한 문장을 다시 한 번 말해주고 화면에 하나씩 띄워주며 전체 학생들이 함께 읽게 한다.

단계 3: 언어 사용

- 앞 단계에서 다루었던 직업 이름과 관련하여 교사가 하는 질문에 학생들이 답하게 한다. 언어 사용 단계에서는 그 날 배운 내용에만 대화를 한정 지을 필요는 없다. 학생들이 언어 사용을 하게 하는 것이 목적이므로 학습 내용과 관련하여 학생들이 원하면 얼마든지 확장해서 대화를 할 수 있도록 허용하는 것이 좋다.

예) T: Who do you ask when you are lost?
Ss: Policeman.
T: Policeman! Yes, you can ask a policeman. Who else?
What if you cannot see a policeman around you?
You can give me the answer in Korean.
Ss: "지나가는 사람"
T: Right! 지나가는 사람. A passer-by.
Yes, you usually ask a passer-by for direction.
Everbody, repeat after me, "passer-by".
Ss: Passer-by.

2. 관사와 한정사 (Articles & Determiners)

■ 관사

단계 1: 문법 설명

- 관사란 명사 앞에 붙여서 명사와 한 덩어리로 사용되는 것으로서, 정관사(definite article) 'the'와 부정관사(indefinite article) 'a(an)'이 있다. 대개 정관사 'the'는 특정한 것을 지칭하거나 전체를 대표하는 반면, 부정관사 'a(an)'는 특정한 것을 지칭하는 것이 아니고 단순히 여럿 중에 하나라는 뜻이다. 우리말로 해석할 때는 "그(the)" 또는 "하나(a(n))"의 뜻이지만 경우에 따라 해석을 생략하는 것이 오히려 자연스러울 때도 있다.

예) • The school is near the house. (그 학교는 그 집 근처에 있다.)
• The tiger is faster than the rabbit. (호랑이는 토끼보다 빠르다.)
• I met a beautiful girl. (나는 한 아름다운 소녀를 만났다.)
• I saw an elephant. (나는 코끼리를 보았다.)

단계 2: 언어 연습

- 빈 칸에 적절한 관사 'the' 혹은 'a(n)'를 넣게 한다. 관사가 필요 없는 곳에는 x표를 하게 한다.

예) 1) My brother is in (*the*) bathroom.
2) He is (*the*) top in his class.
3) We don't go to (*x*) school on Sundays.
4) I visited my friend's (*x*) house.
5) There's (*a*) large park near my house.

단계 3: 언어 사용

- 교사가 화면으로 제시한 예문을 적절히 바꾸어서 실제 자신의 이야기로 만들어 발표하게 한다.

예) • I have a brother and a sister.

I have a brother and two sisters.

• Among the four seasons spring is my favorite.

Among the four seasons autumn is my favorite.

• I usually go to bed after midnight.

I usually go to bed before midnight.

※ 이 과정에서 교사는 학생의 문장에 대해 적절히 반응하면서 목표 구문에만 한정하지 않고 좀 더 범위를 넓혀서 언어를 사용할 수 있는 기회를 만들 수 있다. 이 때 중요한 것은 어떤 질문을 어디까지 하느냐 일 것이다. 이는 전적으로 교사의 판단에 달렸다. 교사는 학습 진도, 학생들의 흥미, 앞서 배운 내용 등, 다양한 부분들을 고려하여 이에 대한 판단을 내려야 한다.

■ 한정사 (Determiners)

단계 1: 문법 설명

1) 한정사는 관사처럼 명사 앞에 쓰여 명사를 한정하는 역할을 한다.

예) • Some people don't like to cook.

(어떤 사람들은 요리하는 것을 싫어한다.)

한정사 명사

• I have a lot of work to do.

(나는 많은 할 일을 갖고 있다. = 나는 할 일이 많다.)

2) 한정사의 종류에는 all, most, many, some, somebody, someone, something, any, anybody, anything, no (=not a), none, nothing, nobody, much, many, a little, little, a few, few, half, both, a lot of (=lots of), plenty of, each, every, whole, either, neither, 등 다양하게 있다.

3) 한정사들 중에는 셀 수 있는 명사와 함께 쓰이는 것, 셀 수 없는 명사와 함께 쓰이는 것, 또는 양쪽 모두와 함께 쓰이는 것들이 있다. 그리고 한정사 뒤에 셀 수 있는 명사가 올 때에는 복수형이, 셀 수 없는 명사가 올 때에는 단수형이 온다.

예) many(많은), few(거의 없는), a few(약간의) + 셀 수 있는 명사 (복수)

- Many Koreans like the singer.
  (많은 한국인들이 그 가수를 좋아한다.)
- Few students like exams.
  (시험을 좋아하는 학생들은 거의 없다.)
- I made a few friends so far.
  (나는 지금까지 몇몇 친구들을 사귀었다.)

예) much(많은), little(거의 없는), a little (약간의) + 셀 수 없는 명사 (단수)

- I have much time. (나는 시간이 많다.)
- We have little milk. (우리는 우유가 거의 없다.)
- They have a little sugar. (그들은 설탕을 약간 갖고 있다.)

예) a lot of/lots of/plenty of + 셀 수 있는/없는 명사 (복수/단수)

- I have plenty of ideas/time.
  (나는 많은 아이디어들/시간을 가지고 있다.)
- He has lots of friends/money. (그는 많은 친구들/돈을 가지고 있다.)

4) 긍정문에서는 'much' 보다는 'a lot of'을 쓰는 경향이 있다.

예) • We spent much time there. 보다는
→ We *spent* a lot of time there.를 주로 쓴다.

단계 2: 언어 연습

1) 적절한 한정사 고르기

- 교사는 한정사가 들어가야 할 몇 개의 문장과 보기를 제시하고 학생들로 하여금 문장에 적절한 한정사를 고르게 한다. 이 때 보기는 사실에 바탕을 둔 것들이 보다 의미가 있다. (*정답)

예) • There are __________ mountains in Korea.
a. little *b. many c. few d. much
• Good students spend __________ time for study.
*a. a lot of b. a little c. quite a few d. many
• ______ people want to go to work on holidays.
a. A lot of b. A little *c. Few d. Lots of

2) 문장 따라 읽기

- 한정사가 들어간 문장을 전체 학생들로 하여금 따라 읽게 하여 문형에 익숙해지게 한다. 개별 학생들을 몇몇 지명하여 각 문장이 무슨 뜻인지 말해보게 하여 이해도를 체크한다.

예) • There are many mountains in Korea.
(대한민국에는 산이 많다.)
• Good students spend a lot of time for study.
(훌륭한 학생들은 공부에 많은 시간을 쓴다.)

• Few people want to go to work on holidays.
(공휴일에 일하러 가기를 원하는 사람은 별로 없다.)

단계 3: 언어 사용

1) 학생들은 한정사를 이용하여 자유롭게 자신의 경험이나 사실에 대해 표현할 기회를 갖는다. 교사가 먼저 시범을 보인다. 충분한 시간이 없으므로 몇 명만 발표하게 하고 숙제를 낸다.

예) T: I went to a zoo yesterday and I saw many animals there.
S1: There are many students in our school.
S2: All students must do their homework.
S3: Few students come to school on Sundays.
S4: My brother spent lots of money yesterday.
S5: I have little money now.

2) 숙제: 자신이나 주변 사람에 대해 한정사가 들어가는 문장 5개씩 만들어 와서 다음 수업 시간에 발표하기

3. 명사와 대명사 (Nouns & Pronouns)

단계 1: 문법 설명

1) 명사는 말 그대로 사물의 이름을 지칭하는 품사이며, 주어나 보어, 목적어로 쓰인다. 명사는 앞에 관사가 올 수 있으며, 형용사의 수식을 받을 수 있다. 명사 앞에 오는 관사, 소유격, 형용사 등 모두와 명사를 합쳐서 명사구라고 일컫는다.

예) • The new computer is on my desk.
관사 + 형용사 + 명사 (그 새 컴퓨터는 내 책상 위에 있다.)
명사구

• The young students are all very diligent.
관사 + 형용사 + 명사 (그 어린 학생들은 모두 매우 부지런하다.)
명사구

• His nice car is very expensive.
소유격 + 형용사 + 명사 (그의 근사한 차는 매우 비싸다.)
명사구

2) 명사에는 셀 수 있는(countable) 명사와 셀 수 없는(uncountable) 명사가 있다. 전자를 보통명사, 후자를 물질명사라고 일컫기도 한다.

예) 셀 수 있는 보통명사: book, pen, phone, student, school, etc.
셀 수 없는 물질명사: milk, sugar, air, water, gas, etc.

3) 대명사는 명사(구) 대신 쓰일 수 있는 것으로 명사(구)가 쓰일 수 있는 곳은 어디에나 쓰일 수 있으며 명사(구)와 같은 역할을 한다.

예) • Tigers are faster than horses.
명사 (주어)
→ They are faster than horses.
대명사(주어)

• The new stereo is in the living room.
명사구(주어)
→ It is in the living room.
대명사(주어)

• I met young students.
명사구(목적어)
→ I met them.
대명사(목적어)

4) 대명사 중에서 특히 'this - 이것(이 사람)', 'that - 저것(저 사람)', 'it - 그것(그 사람)'처럼 사물이나 사람을 가리키는 대명사를 '지시대명사(demonstrative pronoun)'라고 한다. 복수형은 각각 'these', 'those', 'they'이다.

예) • This is my book. → These are my books.
• That is her friend. → Those are her friends.
• It is her dog. → They are her dogs.

5) 대명사 중에서 특히 사람을 가리키는 대명사를 '인칭대명사(personal pronoun)'라고 하는데, 아래 표에 제시된 바와 같이 주격(~가, ~는), 소유격(~의), 목적격(~를, 을), 소유대명사(~의 것) 형태가 있다.

[인칭대명사의 형태]

	주격 (~가, 이, 은, 는)	소유격 (~의)	목적격 (~을, 를)	소유대명사 (~의 것)
1인칭 단수	I (나)	my	me	mine
2인칭 단수	you (당신)	your	you	yours
3인칭 단수	he (그)	his	him	his
	she (그녀)	her	her	hers
	it (그것)	its	it	
1인칭 복수	we (우리)	our	us	ours
2인칭 복수	you (당신들)	your	you	yours
3인칭 복수	they (그들)	their	them	theirs

예) • I like my school. (나는 나의 학교를 좋아한다.)
주격 소유격

• She misses her brother. (그녀는 그녀의 오빠를 그리워한다.)
주격 소유격

• Everybody likes him. (모두가 그를 좋아한다.)
목적격

• This bag is not mine. (이 가방은 나의 것이 아니다.)
소유대명사

6) 대명사 중에서 '-self'가 붙은 대명사를 재귀대명사(reflexive pronoun)라고 하며, 같은 문장에서 이미 언급된 대명사를 다시 지칭할 때 쓴다. 해석은 '~자신, ~스스로, 또는 ~자체'라고 한다.

예) • He blamed himself. (그는 자신을 비난했다.)
• We must take care of ourselves. (우리는 자신을 돌봐야 한다.)
• You must watch yourself. (당신(들)은 자신(들)을 살펴야 한다.)

7) 각 인칭대명사의 재귀대명사 형태는 다음과 같다.

[재귀대명사의 형태]

<table>
<tr><th colspan="2">대명사</th><th>재귀대명사</th><th colspan="2">대명사</th><th>재귀대명사</th></tr>
<tr><td rowspan="5">단수</td><td>I (나)</td><td>myself</td><td rowspan="5">복수</td><td>We (우리들)</td><td>ourselves</td></tr>
<tr><td>You (당신)</td><td>yourself</td><td>You (당신들)</td><td>yourselves</td></tr>
<tr><td>He (그)</td><td>himself</td><td rowspan="3">They (그들)</td><td rowspan="3">themselves</td></tr>
<tr><td>She (그녀)</td><td>herself</td></tr>
<tr><td>It (그것)</td><td>itself</td></tr>
</table>

단계 2: 언어 연습

- 인칭대명사와 재귀대명사의 적절한 형태를 써 넣어야 하는 언어 연습 중에는 인칭대명사와 재귀대명사의 형태에 대해 아직 학생들이 익숙해져 있지 않기 때문에, 학생들의 어려움을 덜어주기 위해 위에서 소개한 인칭대명사와 재귀대명사 표들을 화면에 띄워둔 채 하는 것이 좋다.

1) 주어진 인칭대명사를 적절한 형태로 고치기

- 교사가 제시한 문장 속 빈 칸에 주어진 인칭대명사를 적절한 형태로 고쳐서 써 넣게 한다. 학생들로 하여금 모두 함께 또는 개별적으로 지명하여 넣어보게 하고, 답이 완성된 뒤에는 모두 함께 문장들을 읽는 기회를 가진다.

예) • Students must clean (*their*) classroom after school. (they)
(학생들은 방과 후에 그들의 교실을 청소해야 한다.)
• Jane will visit (*her*) family during the break. (she)
(제인은 방학 동안에 그녀의 가족을 방문할 것이다.)
• Tom's watch looks very similar to (*mine*). (I)
(탐의 시계는 나의 것과 매우 흡사하다.)
• He asked (*us*) for money every day. (we)
(그는 매일 우리에게 돈을 요구했다.)

2) 적절한 재귀대명사 넣기

- 교사는 해석과 함께 일련의 문장들을 제시하고 각 문장의 빈 칸에 알맞은 재귀대명사를 학생들로 하여금 전체로 또는 개별적으로 지명하여 넣어보게 한다. 완성된 후에는 모두 함께 읽게 한다.

예) • I lost _myself_ at the news.
(그 소식에 나는 자신을 잃어버렸다, 정신이 나갔다.)
• She had to take care of _herself_ from then on.
(그녀는 그때부터 스스로를 돌보아야 했다.)
• He and his brother need to behave _themselves_ in public.
(그와 동생은 사람들 앞에서 얌전하게 행동할 필요가 있다.)
• Don't blame _yourself_. It's not your fault.
(자신을 비난하지 마세요. 그건 당신 잘못이 아니에요.)

단계 3: 언어 사용

- 학생들로 하여금 각자 자신이 보고 싶거나 만나고 싶은 사람에 대해 묘사하게 한다. 교사가 먼저 시범을 보인 뒤 학생들에게 해보게 한다. 이 때 만약 이 활동이 학생들의 입장에서 볼 때 즉흥적으로 하기에 너무 어렵다고 판단되면 숙제로 하여 그 다음 시간에 발표하게 한다.

예) T: I really miss my grandmother. She passed away some years ago. I was her favorite granddaughter. She loved me so much. When I saw her last time, she was healthy. Even though she was over 90, she had such a good memory. So, I thought she would live longer. When I got the news that she passed away, I felt so shocked and so sad. I miss my grandmother every day.

4. 형용사 (Adjectives)

단계 1: 문법 설명

1) 형용사란 사람이나 사물의 크기, 모양, 성질, 특성 등을 나타낼 때 사용하며, 명사 앞에 쓰여 그 명사를 수식하거나 동사나 목적어 뒤에 쓰여 주어나 목적어에 대해 보충 설명을 하는 주격 보어, 목적격 보어 역할을 한다.

예) • He is a smart student. (뒤에 있는 명사 수식)
• She is diligent. (주어에 대해 보충 - 주격 보어)
• She looks happy. (주어에 대한 보충 - 주격 보어)
• I made them happy. (목적어에 대해 보충 - 목적격 보어)

2) 형용사를 가르칠 때 같은 종류를 함께 소개하는 것도 효과적이다. 예를 들면 감정을 나타내는 형용사를 가르칠 경우, 비록 교과서에 없는 어휘라고 하더라도 세 가지 기준, 즉 난이도가 학습자의 수준에 맞는지(learnability), 얼마나 유용한 어휘인지(usefulness), 또한 얼마나 자주 사용되는지(frequency) 등의 기준에서 보았을 때 가르쳐도 괜찮다는 판단이 서면 함께 가르치는 것도 좋다. 의사소통능력을 기르고자 한다면 보다 풍부한 어휘력이 자유로운 의사 표현을 하는 데 필요하기 때문에 너무 교과서의 어휘에만 국한해서 가르칠 필요는 없다.

3) 다음은 초등학생 수준의 감정을 나타내는 형용사를 의사소통을 위해 가르치는 방법의 예이다. 예에서 알 수 있듯이, 수준이 낮을수록 학습 자료의 도움과 교사의 역할이 매우 중요하다.

(1) 단어 소개

① 교사는 학생들에게 준비한 단어들이 적힌 플래시카드 묶음을 들어 보이며 이 속에 느낌이나 기분을 나타내는 단어들이 있다고 말한 뒤 교탁 위에 늘어놓는다.

② 그리고 학생들에게 어떤 단어들이 있겠는지 추측해보라고 한다. 맞으면 교사가 해당 단어를 들어 올린다. 그리고 두 번 따라 읽힌다. 이 때 교사가 먼저 시범을 보여야 한다. 교사가 가지고 있는 단어들 중 학생들이 끝까지 말하지 못하는 단어가 있을 경우에는 마지막에 교사 스스로 그 단어들을 소개한다.

예) T: "자, 여러분 오늘은 느낌이나 기분을 나타내는 단어들을 배우겠습니다. 여기 한 묶음의 플래시카드 속에 여러 가지 단어들이 들어 있는데 어떤 것들이 있는지 우선 여러분이 하나씩 추측해 보세요. 자, 선생님이 먼저 시범을 보이겠습니다."

T: "슬프다"라고 말한다. 그리고 해당 단어 플래시카드(sad)를 들어 올린다. 그리고 두 번 따라 읽힌 뒤 단어를 보드에 붙인다.

T: "Now, you try. Give me just one word in Korean."

Ss: "행복하다"

T: "Good job!" ('happy' 플래시카드를 들어 올린다. 그리고 두 번 따라 읽힌다.) "Anything else?"

Ss: . . . . . .

③ 학생들이 말하지 못한 단어들 중 가르쳐야 할 어휘들(예: 떨린다, 놀랐다, 등)은 교사가 소개한다.

예) T: "떨린다"라고 말한 뒤 'nervous' 플래시카드를 들어 올리고 두 번 따라 읽힌다. Repeat after me. "nervous"

Ss: Nervous.

T: Good! (이번에는 'bored'를 보여주며 두 번 따라 읽힌다.)
Repeat after me. "bored"

Ss: Bored.

T: Is anybody bored now? (Some students say "Yes.")

T: OK. I know some of you are bored.
This time, let's do something different.
I don't want to make you bored.

단계 2: 언어 연습

1) 단어 연습

- 단어가 모두 소개되고 난 뒤 이번에는 교사가 각 단어를 하나씩 보드에 붙이며 전체 학생들에게 또는 일부 손드는 학생들에게 읽어보라고 한다. 끝나고 난 뒤에는 한 번 더 전체 학생들에게 단어를 따라 읽힌다. 읽기가 끝난 뒤에는 다음 그림과 같이 보드에 모든 단어들의 플래시카드가 붙게 된다.

<Flash cards on the board>

sad (슬픈)	happy (행복한)	tired (피곤한)	glad (기쁜)	hungry (배고픈)
angry (화난)	thirsty (목마른)	sick (아픈)	shocked (놀란)	bored (지겨운)
scared (무서운)	nervous (떨리는)	sleepy (잠 오는)	excited (신나는)	

2) 화면을 이용한 단어 학습

(1) 보드에 위의 플래시카드를 그대로 붙여둔 채, 아래 제시된 것처럼 화면으로 처음에는 그림들만을 제시한 뒤, 학생들에게 그림을 잘 보고 해당 단어를 생각해 보라고 한다.

※ 보드에 붙은 단어를 학생들이 참고할 수 있도록 하기 위해서 보드의 플래시카드를 그대로 남겨둔다.

(2) 다음으로 파워포인트 그림 밑에 영어 단어와 한글 뜻을 제시한다. 이때에도 가능하면 그냥 제시하지 말고, 단어를 제시하기 전에 학생들을 두 집단으로 나누어 한 집단은 영어로, 다른 집단은 그것을 한국어로 말해보게 함으로써 학생들을 수업에 가담시키는 것이 좋다.

이 때, 보드에 플래시카드를 그대로 붙여둔 채, 파워포인트로 처음에는 그림들만을 제시한 뒤, 학생들에게 그림을 잘 보고 해당 단어를 생각해 보라고 한다. 그리고 난 후 파워포인트로 단어를 제시한다.

thirsty (목마른)

hungry (배고픈)

happy (행복한)

sad (슬픈)

angry (화난)

scared (무서운)

excited (신나는)

sleepy (잠 오는)

sick (아픈)

tired (피곤한)

nervous (떨리는)

bored (지겨운)

shocked (놀란)

3) 준비한 학습지를 나눠주고 영어와 한국어 뜻을 연결해보게 한다.

※ Match the English and Korean sentences.
(단어 종류가 너무 많을 때는 줄긋기가 어려우므로 아래와 같이 두 그룹으로 나누어 하는 것이 좋다.)

(1) I am hungry.	•	• (나는) 아프다.
(2) I am bored.	•	• (나는) 배가 고프다.
(3) I am shocked.	•	• (나는) 신난다.
(4) I am happy.	•	• (나는) 행복하다.
(5) I am sick.	•	• (나는) 지겹다.
(6) I am excited.	•	• (나는) 놀랬다.

(1) I am thirsty.	•	• (나는) 떨린다.
(2) I am sleepy	•	• (나는) 무섭다.
(3) I am sad.	•	• (나는) 피곤하다.
(4) I am tired.	•	• (나는) 목마르다.
(5) I am nervous.	•	• (나는) 잠이 온다.
(6) I am scared.	•	• (나는) 슬프다.

4) 파워포인트로 준비한 자료를 제시한 뒤, 교사가 그림 두 개 정도를 각각 시범적으로 영어로 말한 뒤 학생들에게 전체적으로 또는 지원자를 이용하여 영어로 말해보게 한다.

예) T: "Let's see the feelings of these people."
(첫 번째 그림을 가리키며) "She is thirsty."
(두 번째 그림을 가리키며) "He is hungry."
(세 번째 그림을 가리키며) "The baby is happy."라고 말한

뒤, 전체 학생들에게 몇 개의 그림을 짚어 보이며 각각에 대해 말해보게 한다. 그리고 개별적으로 지명하여 해보게 한다. 이 때 제대로 안 될 때에는 교사가 도움을 주면서 한다.

예) Ss: "He is sad." Ss: "He is angry."
Ss: "She is scared." S1: "She is excited."
S2: "He is sleepy." (or "The boy is sleepy.")
S3: "He is sick." S4: "He is tired."
S5: "He is sleepy." Ss: "He is nervous."
Ss: "She is bored." Ss: "She is shocked."

5) 기분 알아맞히기 게임

- 학생들을 두 집단으로 나누어 각각의 집단에서 추천하는 개인 학생들이 앞에 나와서 해당 단어에 맞는 표정을 짓게 하고, 그 집단의 나머지 학생들은 가능한 빨리 해당 단어를 알아맞히기를 하게 한다. 정해진 시간 안에 더 많은 단어를 알아맞힌 집단이 게임에서 이긴다.

※ 학습활동으로 게임을 사용함에 있어서 교사가 주의해야 할 점은 게임에서 몇몇 주도적인 역할을 하는 학생들을 제외하고는 나머지 학생들은 그냥 구경하는 입장이 되어버리기 쉬우며, 심하면 딴 짓을 하는 학생도 있을 수 있다는 점이다. 이를 방지하기 위해서는 학생들이 게임에 집중할 수 있게 만드는 교수 전략이 필요하다. 게임이 끝나고 나서 교사가 개별 학생들을 지명하여 게임 내용에 대해 이해도를 확인하는 과정을 거침으로써 학생들이 열심히 게임에 참여하지 않을 수 없도록 만드는 것이 필요하다.

단계 3: 언어 사용

- 느낌이나 기분을 나타내는 문장들이 적힌 학습지를 개별적으로 나눠주고, 그 학습지에 현재 자신의 느낌이나 기분이 어떤지를 표시하게 한 뒤 몇 명의 학생들을 지명하여 한 문장씩만 현재 자신의 느낌이나 기분에 대해 말하게 한다.

1) 현재 나의 느낌이나 기분 표시하고 발표하기

※ 현재 나의 느낌이나 기분에 해당하는 것에 모두 O표 하세요.

(1) I am hungry now. (   )
(2) I am bored now. (   )
(3) I am shocked now. (   )
(4) I am happy now. (   )
(5) I am sick now. (   )
(6) I am excited now. (   )
(7) I am thirsty now. (   )
(8) I am sleepy. (   )
(9) I am sad. (   )
(10) I am tired. (   )
(11) I am nervous. (   )
(12) I am scared. (   )

2) 학생들의 현재 기분이나 느낌 알아보기

(1) 학생 개개인의 느낌이나 기분에 대해 말해 보게 한다. 이 때 교사가 먼저 자신의 느낌이나 기분에 대해 얘기를 함으로써 시범을 보인다. 그리고는 학생들에게 개별적으로 질문하고 답하는 기회를 준다. 이 때 잘하는 학생뿐만 아니라 느린 학생들도 참여하도록 배려한다.

예) T: I am tired now. How many of you feel tired now?
(교사가 손을 드는 시늉을 한다. 몇몇 학생들이 따라서 손을 든다.)

T: I see many of you are tired now. But you know, we have to study. Right?

T: OK. Let me ask each of you. (잘하는 학생을 가리키며) S1, How do you feel now?

S1: I am hungry.

T: Oh, you are! Did you have breakfast?

S1: Yes, I did.

T: Well, I am hungry, too. But that's because I didn't have enough breakfast this morning.

(2) 몇 명 잘하는 학생들을 시키고 난 후 느린 학생을 지명하고 같은 질문을 다시 던진다.

예) T: S5, How do you feel now? (S5 학생은 답을 못한다.)

T: 피곤해요? 배고파요? 목말라요? 한국말로 해도 돼요.

S5: 목말라요.

T: "I am thirty."라고 말해 봐요. How do you feel now?

S5: I am thirsty.

T: Oh, you are thirsty!
(물 마시는 시늉을 하며) Drink some water. OK?

S5: OK. (혹은 고개만 끄덕인다.)

3) 짝끼리 기분이나 느낌에 대해 서로 묻고 답하기

예) T: Now, you ask your partner about his/her feeling now. After you finish, I will ask you to tell the class about your partner's feeling and the reason.
(학생들은 짝끼리 서로 묻고 답한다. 기분이나 느낌에 대한 이유도 서로 말해 주기로 하다.)

4) 급우들에게 내 짝의 기분이나 느낌을 소개하고 이유 말해 주기

예) T: Now, you tell the class what your partner's feeling is like. Let me give you an example. Su-mi, how do you feel now?

Su-mi: I feel very tired now.

T: Why?

Su-mi: Because I went to bed late last night.

T: (To the class) Su-mi is very tired now because she went to bed late last night.

Now, any volunteer? Who can tell the class about your partner's feeling and the reason?

S1: My partner Hyun-a is worried now because she lost her phone this morning.

S2: My partner Junghee is nervous now because she didn't bring her homework.

S3: My Partner Min-su is happy because today is his birthday.

※ 감정을 나타내는 어휘라고 할지라도 학생 수준이 높을 때는 다음과 같은 자료도 제시할 수 있을 것이다. 아래 그림에 포함된 대부분 단어들이 적어도 고등학생 수준은 되어야 하지만, 학생들 수준이 보다 낮은 경우에는 부분적으로 선별하여 제시하는 것도 가능하다. 또한 난이도를 낮추기 위해서는 그림 중에서 선정한 몇 개의 표정 그림을 보여주면서 보기 중에서 알맞은 단어를 고르게 할 수도 있을 것이다. 그날의 수업 분위기에 따라 몇몇 학생들로 하여금 교실 앞에 나와서 표정을 지어 보이게 하고, 나머지 학생들이 단어를 알아맞히는 게임을 두 그룹으로 나누어 할 수도 있다.

[Facial expressions for Feelings]

[Facial expressions for Feelings]

1	2	3	4

A. lonely B. cautious C. meditative D. ecstatic E. shocked	A. satisfied B. curious C. disapproving D. apologetic E. enraged	A. frustrated B. aggressive C. arrogant D. pained E. regretful	A. thoughtful B. relieved C. miserable D. satisfied E. horrified
5	6	7	8

A. jealous B. blissful C. negative D. puzzled E. agonized	A. agonized B. grieving C. suspicious D. optimistic E. surprised	A. innocent B. anxious C. guilty D. hurt E. exhausted	A. puzzled B. disappointed C. frightened D. sympathetic E. distasteful

※ 또한 보다 많은 언어 사용의 기회를 주기 위하여 교사나 잘하는 학생들로 하여금 자신이 경험했던 과거의 어떤 상황에 대해 학생들에게 얘기해주고 이때의 기분에 대해 학생들로 하여금 추측하도록 할 수도 있을 것이다.

예) T: I once visited a foreign country and I got robbed of my purse. What do you think my feeling was like at that time?

Ss.: “Upset”, “Anxious”, “Nervous”, “Worried”, etc.

T: Yes, I was so worried and upset. I don’t want to visit that country again in the rest of my life.

5. 부사 (Adverbs)

■ 일반 부사

단계 1: 문법 설명

1) 일반적으로 부사는 형용사 앞에 쓰여 형용사를 수식할 수 있으며, 또한 동사 바로 앞이나 뒤, 또는 문두나 문미에 쓰여 동사를 수식할 수도 있다.

예) I am very tired now. (나는 지금 매우 피곤하다.)
부사 형용사

He walked slowly. (그는 천천히 걸었다.)
동사 부사

He slowly walked into the room.

Slowly, he walked into the room. (그는 천천히 방 안으로

He walked into the room slowly. 걸어 들어갔다.)

2) 단어 자체가 부사인 경우도 있지만, 형용사에 -ly를 붙여서 부사를 만드는 경우들이 있다.

	<형용사>		<부사>
예)	beautiful	→	beautifully
	slow	→	slowly
	careful	→	carefully

3) '-ly'가 붙었다고 모두 부사는 아니다. '명사 +-ly'는 형용사이다.

예)	friend (친구)	→	friendly (다정한, 친절한)
	time (시간)	→	timely (적시의, 때맞춘)
	man (남자)	→	manly (남자다운, 씩씩한)
	love (사랑)	→	lovely (사랑스러운)

단계 2: 언어 연습

1) 문장 속에서 부사 찾기

- 교사가 화면에 예문들을 제시한 뒤, 학생들로 하여금 부사를 찾아보게 한다. 한 문장씩 해석을 하면서 부사의 역할이 무엇인지를 이해시키고 전체적으로 각 문장을 따라 읽힌다.

예) • I can't play the piano <u>well</u>. (나는 피아노를 잘 칠 줄 모른다.)
• He speaks English <u>really</u> <u>well</u>. (그는 영어를 정말 잘한다.)
• She <u>slowly</u> opened the door. (그녀는 천천히 문을 열었다.)
• <u>Suddenly</u>, they left the town. (갑자기 그는 마을을 떠났다.)

2) 형용사를 부사로 바꾸기

- 교사는 형용사가 사용된 예문을 화면에 띄워주고 학생들로 하여금 부사를 넣게 한다.

예) • She is a beautiful dancer. → She dances <u>beautifully</u>.
• He is a slow speaker. → He speaks ______________.
• You are a wonderful cook. → You cook ______________.

단계 3: 언어 사용

- 교사가 만든 문장을 학생들이 그대로 연습하는 것은 의미 있는(meaningful) 언어 사용이 아니다. 학생들에게 의미가 있는 언어 사용이 되기 위해서는 그들의 흥미나 경험을 바탕으로 스스로 만든 문장이라야 한다. 문제는 많은 학생들이 스스로 문장을 만들 만큼의 능력을 아직 갖고 있지 못한 경우가 많은데, 이를 극복하기 위하여 교사는 학생들의 언어 사용을 위해 필요한 도움을 줄 수 있어야 한다.

■ 빈도 부사 (Frequency adverbs)

단계 1: 문법 설명

1) 빈도 부사의 종류와 각각의 뜻을 설명한다. 이 때 빈도수가 점진적으로 낮아지거나 높아지도록 시각화하기 위해 일직선상에 어휘를 제시하는 것이 학생들의 기억에 도움이 된다.

←————————————————————————→

never seldom sometimes often usually mostly always

2) 문장 속에서의 빈도 부사 위치를 설명한다. 즉, 일반적으로 일반동사 앞에 오고 Be동사나 조동사 뒤에 쓰인다. 하지만 간혹 문두에 쓰이기도 하는데, 이때는 그 부분을 강조하기 위한 의도가 있다.

예) • I <u>always</u> get up early in the morning.
(나는 아침에 <u>항상</u> 일찍 일어난다.)
• We <u>never</u> go out after midnight.
(우리는 자정이후에는 <u>결코</u> 외출을 하지 <u>않는다</u>.)
• He is <u>often</u> late for school.
(그는 <u>종종</u> 지각한다.)
• They <u>mostly</u> leave school after 5:00.
(그들은 <u>대부분</u> 5시 이후에 학교를 떠난다.)
• My dad <u>usually</u> comes back home late, but <u>sometimes</u> he comes back home very early. (나의 아버지는 <u>보통</u> 늦게 귀가하신다. 하지만 <u>때로는</u> 매우 빨리 귀가하신다.)

3) 조동사와는 달리 빈도 부사는 주어가 3인칭 단수일 경우 동사의 현재형에는 -s를 붙인다.

예) • My dad will come back home late tonight.
조동사 (아빠는 오늘 밤 늦게 귀가하실 것이다.)

• My dad often comes back home late.
빈도부사 (아빠는 종종 늦게 귀가하신다.)

※ 적지 않은 학생들이 주어가 3인칭 단수임에도 불구하고 빈도부사 뒤에 나오는 동사에 -s를 빠뜨리는 경우가 있음을 주지시킨다.

단계 2: 언어 연습

1) 제시된 각 문장별로 도표에서 자신의 경험과 맞는 부분에 V표를 하게 한다. 그리고 각자 빈 칸에 빈도 부사를 넣어서 자신의 문장을 쓰게 한다.

※ seldom 대신 rarely, hardly, scarcely 등도 같은 의미로 쓸 수 있음을 알려준다.

	never	seldom	sometimes	often	usually	mostly	always
1			v				
2							
3							
4							
5							

1) I study hard on Sundays.
2) I come to school late.
3) I feel sleepy in class.
4) I skip breakfast.
5) I get up early in the morning.

1) *I sometimes study hard on Sundays.*

2) ____________________

3) ____________________

4) ____________________

5) ____________________

※ 도표 아래 제시되어 있는 다섯 개 문장들은 학생이 아닌 교사가 만든 문장이다. 비록 모든 학생들이 경험하는 익숙한 소재들로 만들어 졌지만 학생들 개개인으로 볼 때는 그 문장들은 자신의 얘기가 아닐 수 있다. 따라서 학생들로 하여금 자신의 경험에 맞는 적절한 빈도 부사를 문장에 삽입하게 함으로써 교사가 제시한 문장들을 각자 자신의 경험에 맞는 보다 의미 있는 문장으로 바꿀 수가 있다.

2) 학생들을 몇 명 지명하여 각자 자신이 쓴 다섯 개의 문장들 중 한 개씩만 읽게 한다. 이는 가능하면 많은 학생들에게 기회를 주기 위해서이다. 저자가 관찰한 수업 중에는 잘하는 학생 몇 명만 발표의 기회를 가지는 경우가 많았는데 이는 바람직하지 못한 현상이다. 잘하건 못하건 학생의 수준에 맞게 가능하면 많은 학생들을 발표에 참여시키는 것이 유능한 교사의 교수 기술이다.

단계 3: 언어 사용

1) 교사가 제시하는 빈도 부사로 자신의 문장 만들기

- 학생들로 하여금 자신의 경험에 대해 교사가 제시하는 빈도 부사를 이용하여 발표하게 한다. 교사가 시범을 먼저 보인다.

예) T: "usually"
My brother usually drives his car to work.
S1: I usually don't have breakfast in the morning.
S2: I usually go to bed before 11:00 o'clock.
S3: I usually watch TV after dinner.

2) 짝끼리 묻고 답하기

- 짝끼리 빈도 부사를 이용하여 서로 묻고 싶은 질문을 하고 답하게 한다. 이때 빈도 부사가 들어가지 않은 문장이라도 어마든지 질문에 넣을 수 있다고 말해줌으로써 학생들이 너무 문장 형식에 얽매이지 않고 자유롭게 말할 수 있게 한다.

예) S1: What do you usually do on Sundays?
S2: I usually help my mother.
S1: How?
S2: I sometimes clean the house. I sometimes play with my little brother. Or, I sometimes cook.
S1: Really? Are you a good cook?
S2: Not really. But I can make some foods.
How about you? What do you usually do on Sundays?

■ 유도 부사 (There is / There are ~)

단계 1: 문법 설명

- 목표 구문 '~이 있다.'라는 표현을 공부할 것이라는 것을 알린다. 예를 들면, '내 방에는 컴퓨터가 한 대 있다.' '우리 교실에는 달력이 하나 있다.' '우리 학교에는 교문이 두 개 있다.' '우리나라에는 멋진 해수욕장들이 여러 개 있다.' 등."

1) 영어에서는 "주어(S) + 동사(V)"가 일반적인 어순인데 "There"를 문두에 쓰면 주어와 동사의 위치가 바뀌게 되어 "There + 동사 + 주어"의 어순이 된다. 여기서 동사(V)를 주어(S) 앞으로 유도하는 부사라 하여 "유도 부사"라는 말이 나왔음을 말해준다.

2) 유도 부사 There은 주로 장소(location)를 나타내는 말과 함께 쓰인다. 만약 장소를 나타내는 말이 문장에 없다면 이는 생략된 것으로 상황 속에서 유추가 가능한 경우이다.

예) There is a computer (in the room).

3) 유도 부사 There은 동사를 주어 앞으로 유도하는 역할만 하며, 그 자체의 뜻은 없으므로 해석은 하지 않는다.

4) 영어에서는 대체로 주어에 부정 관사(a, two any, some, 등)가 들어가는 주어로 문장을 시작하지 않고 주어 자리에 유도부사를 대신 쓰고 다음에 동사를 먼저 쓴 뒤 주어를 쓴다. 이 때 주어가 단수일 때는 "There is ~"를, 주어가 복수일 때는 "There are ~"를 쓴다.

이를 학생 스스로 발견하게 하기 위해 There is/are가 들어 있는 예문들을 화면으로 띄워주고 질문을 던진다.

예) There is a computer in my room.
There is a calendar in our classroom.
There are two school gates in our school.
There are several nice beaches in Busan.

T: "자, 보기에 나온 문장들을 봅니다. 'There is ~'와 'There are ~' 다음에 나오는 단어들을 잘 보세요. 뭐가 다르죠?"

Ss.: "단수, 복수"

T: "네, 맞아요. (해당 부분을 가리키며) 위쪽 두 문장에는 하나를 가리키는 단어(a)가 있고, 아래쪽 두 문장에는 하나보다 많은(즉, 둘 이상)의 경우가 나옵니다. 말하자면 'There is' 다음에는 단수, 'There are' 다음에는 복수가 나옵니다." 라고 말하고 교사는 설명 중 다음 핵심 부분을 칠판에 적는다.

There is	+	단수 명사	> ~이 있다.
There are	+	복수 명사	

단계 2: 언어 연습

1) 따라 읽기

- 교사가 "Repeat after me.(따라 읽어보세요.)" 라고 말한 뒤 화면에 띄워 준 예문들을 따라 읽게 한다.

2) "OK. Now, let's practice with some more examples. Let me try first." (네, 좋습니다. 그럼 보기를 가지고 연습을 해봅시다. 우선

제가 해보겠습니다.) 이 때 교사는 교실에 있는 실물을 가리키거나 미리 준비해 간 그림들을 보여주면서 문장들을 말한다.

T: (교실에 있는 화분 두 개를 가리키며)
"There are two plants in this room."

T: (벽에 걸려 있는 달력을 가리키며)
"There is a calendar on the wall."

T: "Now, it's your turn. Any volunteer?"
"자, 여러분 차례입니다. 한 번 해 볼 사람?"

※ 손드는 학생이 없을 때는 우선 잘하는 학생을 지명해서 시킨다. 이 때 교사는 발표 하는 학생이 말한 문장을 다시 한 번 반복해 주는 것이 좋다. 왜냐하면 경우에 따라 발표하는 학생의 목소리가 작아서 다른 학생들에게 잘 들리지 않았거나, 리듬이나 발음이 다소 부자연스러웠거나, 또한 잠깐 딴 생각하느라 못들은 학생이 있을 수 있기 때문이다.

※ 학생들이 실제 경험하는 것을 바탕으로 보다 유의미한 연습이 되게 하기 위해서는 교실 안의 다양한 실물(realia)들을 활용하는 것도 좋다. 또한 연습을 위한 예문은 가능한 실제적(authentic)이고 자연스런(natural) 문장이어야 한다. 아래 예에서 두 번째 문장의 경우 비록 문법적으로는 오류가 없지만 실제 상황에서 칠판에 새가 붙어 있는 경우가 없으므로 실제적이지 못하고 자연스럽지 못한 문장이 된다. 따라서 예로 들기에는 바람직하지 못하다.

예) • There is a pillow on the bed. (o) (침대에 베개가 하나 있다.)
• There are two birds on the blackboard. (x)
(칠판에 새 두 마리가 있다.)

3) “Now, you decide whether it’s true or not. If it’s true about this room, say “True.” If it’s not true, say “False.” OK?”
(자, 이번엔 현재 우리 교실에 대해서 만약 사실이면 “True”라고 말하고, 사실이 아니면 “False”라고 말합니다. 아시겠어요?)

예) T: There is a mirror on the wall.
Ss. True.
T: True. There is a bulletin board in the back.
Ss: True.
T: Yes, it’s true.

※ 이 때 교사가 모두 다 하는 것보다는 문장을 만들 능력이 있는 학생들에게는 기회를 가능한 많이 주는 것이 필요하다. 단, 학생들에게 어느 정도의 기회를 줄 것인지, 지원자에게 기회를 줄 것인지 지명을 해서 시킬 것인지, 등에 대해서는 교사가 학생들의 능력을 감안하여 판단을 해야 한다.

예) S1: “There is a calendar above the blackboard.”
Ss: “False.”
S2: “There are plants on the teacher’s table.”
Ss: “False.”
S3: “There are two doors in this room.”
Ss: “True.”

4) 교사는 방금 말한 문장들을 화면에 다시 한 번 띄워준다. 그리고 당일 학습의 요점을 정리해서 말해준다.

(1) There is a mirror on the wall. (T, **F**)
(2) There is a bulletin board in the back. (**T**, F)
(3) There is a calendar above the blackboard. (T, **F**)
(4) There are plants on the teacher's table. (T, **F**)
(5) There is a bulletin board at the back. (**T**, F)
(6) There are two doors in this room. (**T**, F)

단계 3: 언어 사용

1) 실제 자신의 집근처나 집, 방에 있는 것에 대해 오늘 배운 "There is ~" 또는 "There are ~"를 이용하여 친구들에게 묘사하고 서로 질문 주고받기를 한다. 교사가 먼저 시범을 보인다.

예) T: There is a nice park near my house. Ask if you have any question about it.

S1: How often do you go there?

T: Well, I am very busy and I cannot visit the place often.

S2: How long does it take to go there?

T: It takes about 15 minutes on foot.

T: Now, can anyone tell us about what is in your house, your room, or any other place?

2) 숙제

장소 A에서 장소 B로 가는 길을 약도로 간단하게 그리고 가는 방법을 영어로 써보세요. 방향을 나타내는 여러 가지 표현들과 실제 숙제 보기가 아래에 있으니 참고로 하세요. 여러분의 숙제에는 최소 6개 이상의 문장이 포함되어야 합니다. 완성한 숙제는 다음 수업 시간에 구두로 발표를 해야 하니 준비를 해오시기 바랍니다.

※ 학습 내용은 가능한 여러 번 자주 반복될수록 내재화에 도움이 된다. 이는 같은 수업 시간 내에서뿐만 아니라 수업과 수업 간에서도 마찬가지이다. 만약 유도부사를 가르쳤으면 숙제를 통해 학생들에게 보다 의미 있는 문장을 써오게 할 수 있고, 또한 그 다음 수업 시간에 발표로 연결할 수도 있다. 당일 수업 시간에 문장들을 쓰게 한다면 수업 시간이 너무 많이 소모될 수도 있으며, 학생의 능력에 따라 그 결과물에도 상당한 차이가 있을 수 있다. 따라서 숙제로 가정에서 쓰기를 한 후 그 다음 수업시간에 발표하게 하는 것이 보다 수업시간을 경제적으로 사용하는 방법이다. 물론 교사는 학생들이 숙제를 할 때 필요한 도움을 웹페이지를 통해 제공하는 것이 필요하다. 어떻게 하는지 몰라서, 또는 어려워서 학생들이 숙제를 못하는 일은 없어야 할 것이다.

<교사의 웹페이지에 올린 숙제 및 표현의 예>

<My neighborhood>

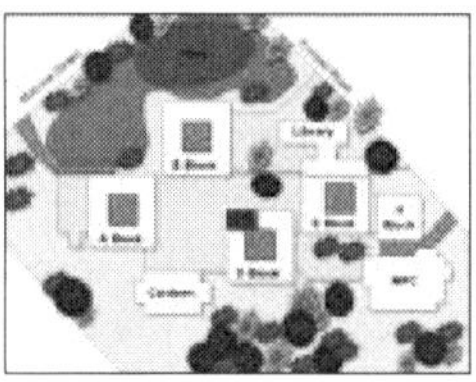

I live in xxx-dong. There are many good places around my house. In front of my house there is a big pond. There are many fish in the pond. Behind my house there is a mountain. There are many trees in the mountain. Near my house there is a large park. There are many flowers and trees in the park. I live in a beautiful place. I love my neighborhood.

※ 방향을 나타내는 표현들

Go to the left/right. (왼쪽/오른쪽으로 가시오.) Turn left/right. (왼쪽/오른쪽으로 도시오) Go straight to xxx. (xxx까지 똑바로 가시오.) Cross the street. (길을 건너시오.) in front of xxx (xxx앞에서)	on your right/left (오른쪽에/외쪽에) A is across B. (A는 B 맞은편에 있다.) Take the subway. (지하철을 타시오) Get off the train after two stops. (두 구역 간 뒤 내리시오) Cross the underpass/overpass. (지하도/육교를 건너시오.) intersection (교차로) traffic signs (교통신호), etc.

6. 동사 (Verb)

단계 1: 문법 설명

1) 동사는 사람이나 동물의 동작이나 상태를 나타내며, 현재형(simple), 현재분사형(present participle), 과거형(past), 과거분사형(past participle)이 있다. 불규칙 동사의 경우 과거형과 과거분사형은 단어마다 형태가 달라지므로 외워야 한다. (<부록 A> 참조)

예) I <u>paint</u> a picture. (나는 그림을 그린다.)
　 I am <u>painting</u> a picture. (나는 그림을 그리고 있다.)

I painted a picture. (나는 그림을 그렸다.)
I have painted a picture. (나는 그림을 그렸다.)

2) 동사에는 일반 동사와 be 동사가 있다. 일반 동사는 주어가 3인칭 단수일 때 -s를 붙인다. 과거형은 주어에 관계없이 같은 형태로 쓴다. (주어 인칭에 관해서는 아래 표 참조)

	현재		과거
예)	I paint a picture.	→	I painted a picture.
	You paint a picture.	→	You painted a picture.
	She paints a picture.	→	She painted a picture.

주어의 인칭		
1인칭	단수	I (나)
	복수	We (우리들)
2인칭	단수	You (당신)
	복수	You (당신들)
3인칭	단수	He(그), She(그녀), It(그것), 그 외 명사의 단수
	복수	They(그들) A and B (A와 B), 그 외 명사의 복수

3) 과거형을 만들 때 -ed를 붙이는 동사를 규칙 동사, -ed 대신 다른 형태로 변하는 동사를 불규칙 동사라고 한다. (<부록 A> 참조)

예)
- I play computer games. → I played computer games.
- I stay in my room. → I stayed in my room.
- I eat breakfast at 7:00. → I ate breakfast at 7:00.
- I swim in the river. → I swam in the river.

4) 일반 동사는 주어가 3인칭 단수(예: he, she, Tom, my sister, 등.) 일 때 원형에 -(e)s를 붙인다. 과거형은 주어에 관계없이 같다.

예) • I play computer games. → I played computer games.
• He plays computer games. → He played computer games.
• I eat breakfast at 7:00. → I ate breakfast at 7:00.
• She eats breakfast at 7:00. → She ate breakfast at 7:00.
• I swim in the river all day. → I swam in the river all day.
• Tom swims in the river. → Tom swam in the river.

5) Be동사는 주어의 인칭에 따라 그 형태가 다음과 같이 다르다.

주어의 인칭			be 동사	
			현재형	과거형
단수	1인칭	I (나)	am	was
	2인칭	You (당신)	are	were
	3인칭	He(그), She(그녀), It(그것), 그 외 단수 명사	is	was
복수	1인칭	We(우리들)	are	were
	2인칭	You(당신들)		
	3인칭	They(그들), 그 외 명사의 복수		

6) Have 동사

(1) Have동사는 종종 have got으로 쓰이는 경우가 많은데, 그 둘의 뜻에는 차이가 없다.

예) • I've got a new car. or I have a new car.
• She's got a bad news. or She has a bad news.
• I've got a terrible headache. or I have a terrible headache.
• We've got some problems. or We've some problems.

(2) 소유의 뜻으로 쓰인 have 동사는 진행형으로 할 수 없다.

예) • I am <u>having</u> a good time with my friends. (o)
(= enjoying) (나는 친구들이랑 즐거운 시간을 갖고 있다.)
• I am <u>having</u> lunch with my family. (o)
(= eating) (나는 가족이랑 점심을 먹고 있다.)
• I am <u>having</u> an old car. (x) (나는 낡은 차를 갖고 있다.)

7) 동사구 (Phrasal verbs)

(1) 동사들 중에는 다른 단어와 함께 구를 이루어 쓰이는 경우도 있는데, 이를 동사구(phrasal verb)라고 부른다. 동사와 함께 쓰여 동사구를 이루는 단어 종류에는 in, out, on, off, up, down, away, back, round, through, about, along, over, forward, 등이 있다. (동사구의 종류에 대해서는 <부록 B> 참조)

예) • Let's <u>get in</u>. (들어갑시다.)
• Let's <u>get out</u>. (나갑시다.)
• <u>Get on</u> the bus. (버스에 탑시다.)
• <u>Get off</u> the bus. (버스에서 내립시다.)
• <u>Put on</u> your shoes. (신발을 신으세요.)
• <u>Take off</u> your shoes. (신발을 벗으세요.)

(2) 때로는 동사 다음에 나오는 단어가 동사의 원래 뜻을 바꾸어 새로운 뜻이 되기도 한다. 이런 뜻은 그냥 외우는 수밖에 없다.

예) • I am late because my car broke down on the way.
(오는 도중 차가 고장 나서 늦었다.) ※ break down (고장 나다)
• I always feel nervous when the plane takes off.
(나는 비행기가 이륙할 때 늘 불안하다.) ※ take off (이륙하다)
• My English is not good, but it's enough to get by.
(내 영어는 훌륭하지는 않지만, 지내는 데는 충분하다.)
※ get by (그럭저럭 지내다 - manage의 뜻)

(3) 때로는 동사구 뒤에 목적어가 오는 경우가 있는데, 이 목적어 그 위치를 동사 바로 뒤에 넣을 수도 있다. 단 목적어가 대명사일 경우에는 동사 바로 뒤에 써야 한다.

예) • Pick up the bottle. = Pick the bottle up.
(병을 집으세요.)
※ Pick it up. (o) Pick up it. (x)
• Take out some pills. = Take some pills out.
(알약을 하나 꺼내세요.)
※ Take them out. (o) Take out them. (x)
• Don't throw away the trash. = Don't throw the trash away.
(쓰레기를 버리지 마세요.)
※ Don't throw it away. (o) Don't throw away it. (x)

(4) 때로는 동사구 뒤에 전치사가 오는 경우도 있다.

예) • The prisoner ran away from the prison.
(그 죄수는 교도소에서 도망쳤다.)
• You can look up at the dictionary.
(사전을 찾아봐도 좋습니다.)

단계 2: 언어 연습

1) 동사의 현재형을 현재진행형으로 바꾸기

- 교사가 현재형의 문장 하나를 화면으로 띄워주고 말하면 학생들은 현재진행형으로 고쳐서 말한다. 처음 한 두 문장은 전체 학생들이 함께 하게 하고 익숙해지면 개별적으로 지명한다.

예) T: I eat breakfast. (나는 아침을 먹는다.)
Ss: I am eating breakfast. (나는 아침을 먹고 있다.)
T: My sister does her homework.
Ss: My sister is doing her homework.
T: They come to the party.
S1: They are coming to the party.
T: I lose my weight.
S2: I am losing my weight.

2) 동사의 현재형을 과거형으로 고쳐서 말하기

- 교사가 현재형의 문장을 화면으로 띄워주고 말하면 학생들은 과거형으로 고쳐서 말한다. 첫 문장은 전체 학생들이 함께 하고 나머지 문장들은 지원자를 받거나 개별적으로 지명을 하여 해보게 한다. 이때 중요한 것은 학생들이 과거형 문장을 말한 뒤 바로바로 답을 화면에 띄워주는 것이다. 가능하면 전체 학생들이 함께 각 문장들을 읽을 기회도 주는 것이 좋다.

예) T: I do my homework in the living room.
Ss: I did my homework in the living room.
T: My dad gets up early in the morning.
Ss: My dad got up early in the morning.

T: Jane <u>eats</u> too much at the party.
Ss: Jane <u>ate</u> too much at the party.
T: She <u>is</u> too young and <u>can</u> not see the movie.
Ss: She <u>was</u> too young and <u>could</u> not see the movie.

3) 학생들끼리 문장 말하고 바꾸기

- 학생들을 두 집단(A와 B)으로 나누고 한 집단(A)이 화면에 띄워준 현재형의 문장을 말하면 다른 집단(B)은 그것을 현재진행형으로 바꾼다. 끝나고 나면 이번에는 B집단이 현재형으로 말하고 A집단이 과거형으로 바꾼다.

※ 이 때 역할을 바꾸는 이유는 각각의 집단에게 다른 형태의 문장을 말할 기회를 주기 위해서이다. 간혹 현장 수업들을 관찰해보면 교사는 늘 질문을 하고 학생들은 답만 하는, 그것도 "Yes."나 "No."로만 답하는 겨우를 많이 목격하게 되는데, 이럴 경우 주로 문장 말하기 연습을 하는 사람은 학생이 아닌 교사가 된다. 따라서 학생들이 새로운 구문에 익숙해질 때까지는 어느 정도 교사가 주도를 하고 난 후, 학생들이 일단 익숙해지면 학생들이 모두 하도록 하는 것이 좋다.

단계 3: 언어 사용

1) 지나간 일에 대해 친구들에게 얘기하기

- 학생들 개별적으로 이미 지나간 자신의 경험에 대해 친구들에게 한 문장 씩 말하게 한다. 교사가 먼저 시범을 보인다.

예) T: Last Saturday, I <u>saw</u> a car accident on my way home.
(지난 토요일, 집에 가는 길에 차 사고를 보았다.)

S1: Yesterday, I met my old friend.
S2: This morning, I woke up late.
S3: Last week, I visited my grandmother.

※ 이 때 개별 학생들이 문장을 말하기 전에 학생들을 돕기 위하여 여러 가지 자주 쓰이는 불규칙동사 표를 화면에 띄워주고 한 번씩 따라 읽히는 것도 좋다. 이 표는 학생들이 발표를 하는 동안 필요하면 볼 수 있도록 화면에 그대로 띄워 놓는다. 그리고 교사의 홈페이지에도 올려놓아 학생들이 나중에라도 언제든지 볼 수 있게 한다. (보다 다양한 불규칙 동사의 종류에 대해서는 <부록 A> 참조)

<불규칙동사 표>

동사의 뜻	현재형	과거형
먹다	eat	ate
자다	sleep	slept
말하다	speak	spoke
보다	see	saw
듣다	hear	heard
읽다	read	read [rɛd]
쓰다	write	wrote
가다	go	went
오다	come	came
등등...	etc.	etc.

7. 조동사 (Modal & Auxiliary verbs)

단계 1: 문법 설명

1) 조동사는 화자의 심적 태도(mood)를 나타내는 데 쓰이는 modal verb(법 조동사)와 문장의 형태를 전환하는 데 쓰이는 auxiliary verb(일반 조동사)가 있다. modal verb의 종류에는 can, could, may, might, must, ought to, shall, should, will, would, had better, would rather, need not 등이 있으며, auxiliary verb의 종류에는 be, do, have 등이 있다. 일반적으로 법 조동사(modal verb)를 가리켜 그냥 '조동사'라고 일컫는 경우가 많다.

2) 조동사는 본동사의 앞에 쓰이며 본동사를 도와주는 역할을 한다. 조동사와 조동사 뒤에 나오는 본동사는 주어의 인칭이나, 단수, 복수에 관계없이 공통으로 쓰인다.

예) • I will call you later. (내가 나중에 너에게 전화할 것이다.)
• He will call you tomorrow. (그가 내일 너에게 전화할 것이다.)
• You must come here tomorrow. (너는 내일 여기 와야 한다.)
• She must come here tomorrow. (그녀는 내일 여기 와야 한다.)
• They can speak English. (그들은 영어를 할 줄 안다.)
• She can speak English. (그녀는 영어를 할 줄 안다.)

3) 조동사가 들어가는 문장을 과거형으로 고칠 때에는 조동사만 과거형으로 고치면 된다.

예) • I can not finish the homework today.
→ I could not finish the homework yesterday.

• My mom can not attend the meeting today.
→ My mom could not attend the meeting yesterday.

4) 하지만 경우에 따라서는 조동사가 과거형이라고 해서 과거의 일을 기술하는 것이 아니라 현재에 대해 기술하는 경우가 있다. 엄밀히 말하면 이 경우는 가정법에서 “If ~” 부분을 함축하는 주절만 있는 표현이라고 할 수 있다. 해석은 현재로 하지만 현재형으로 쓰인 문장과는 미묘한 뜻 차이가 있다. 아래 보기들의 경우, might나 could가 들어간 문장들이 may나 can이 들어간 문장들보다 확신이 덜 가는 경우라고 할 수 있다.

예) • He may know the truth. (그가 진실을 알고 있을지 모른다.)
He might know the truth.
• The story can be true. (그 얘기가 사실일 수도 있다.)
The story could be true.

■ can, could, and be able to

1) ‘can’과 ‘could’는 각각 ‘am/are/is able to’와 ‘was/were able to’로 쓰이기도 한다. 하지만 전자가 후자보다 더 자주 쓰인다.

예) • I can see his house from my livingroom window.
= I am able to see his house from my livingroom window.
(내 거실 창에서 그의 집을 볼 수 있다.)
• They could get on the train on time.
= They were able to get on the train in time.
(그들은 시간 안에 기차를 탈 수 있었다.)
• He can *not* stand on his feet yet.
= He is *not* able to stand on his feet yet.
(그는 아직 자기 발로 설 수 없다.)

2) can이나 could는 다른 조동사 뒤에 쓸 수 없으므로, 다른 조동사 뒤에 쓸 때는 'be able to'로 고쳐 써야 한다.

예) • I must be able to finish the work by tomorrow.
(나는 그 일을 내일까지 완성할 수 있어야 한다.)
• You should be able to look after your little brother.
(너는 네 어린 동생을 보살필 수 있어야 한다.)

3) 일반적인 능력을 나타낼 때는 could를 쓰는 것이 보통이며, 어느 특정한 상황에서 누군가 무엇을 했다고 말할 때는 could를 쓰지 않고 was/were able to를 쓰는 게 보통이다. 이 때 was/were able to는 managed to의 뜻과 같다.

예) • Fortunately, everybody was able to escape the accident.
= Fortunately, everybody managed to escape the accident.
(다행스럽게도 모두가 그 사고를 피할 수 있었다.)
• Despite the heavy rain, we were able to reach the place.
= Despite the heavy rain, we managed to reach the place.
(심한 비에도 불구하고 우리는 그곳에 도착할 수 있었다.)

4) could는 비현실적인(unrealistic) 얘기를 할 때도 쓰인다. 이 경우에는 can을 쓰지 않는다.

예) • I love this island so much that I could stay here forever.
(나는 이 섬이 너무 좋아서 영원히 여기 머무를 수도 있다.)

5) 'could have + 과거분사'는 과거에 있을 수 있었던 일에 대해 얘기할 때 쓴다.

예) • I was lucky. It could have been much worse.

(나는 운이 좋았다. 훨씬 더 나빴을 수도 있었다.)

• It was really bad. It couldn't have been worse.

(정말 나빴다. 더 이상 나쁠 수 없을 지경이었다.)

■ must, have to, can't, needn't, have + 과거분사, didn't need to

1) must(~해야 한다, ~임에 틀림없다)는 의무나 강한 추측을 나타낼 때 쓰며, must not (~해서는 안 된다)은 강한 금지를 나타낼 때 쓴다. can't는 (~할 수 없다)라는 뜻 외에도 (~일 리가 없다)는 불가능한 것을 나타낼 때에도 쓴다.

예) • We must study hard. (우리는 열심히 공부해야 한다.)

• You must be very tired. (너는 매우 피곤함에 틀림없다.)

• You must not do it again. (너는 또 다시 그래서는 안 된다.)

• I can't get up that early. (나는 그렇게 빨리 일어날 수 없다.)

• I can't know all the people. (모든 사람을 다 알 수는 없다,)

• It can't be true. (그럴 리가 없다.)

2) 강한 추측을 나타내는 must와 불가능을 나타내는 can't를 과거형으로 쓸 때는 'must have + 과거분사'(~이었음에 틀림없다)와 'can't have + 과거분사'(~이었을 리가 없다)를 각각 쓴다. 이때 'can't have + 과거분사'는 'couldn't have + 과거분사'로 써도 뜻은 같다.

예) • You must have been very tired with all the work.

(너는 그 모든 일을 하느라 매우 피곤했음에 틀림없다.)

• He must have spent all the money he had.

(그는 그 돈을 모두 다 써버렸음에 틀림없다.)

• She can't have arrived at the airport by that time.

(= She couldn't have arrived at the airport by that time.)

(그녀는 그 시간까지 공항에 도착했을 리가 없다.)

3) must는 have(has) to와 유사한 뜻으로 바꾸어 사용해도 무방하다. 하지만 경우에 따라 말하는 사람 자신의 의견이 아니라 사실(fact)을 나타낼 때에는 must대신 have to를 써야 한다.

예) • I have to start working at least by 8:00.
(나는 적어도 8시까지 일을 시작해야 한다.)
• We have to clean our classroom after school.
(우리는 방과 후에 교실 청소를 해야 한다.)
• My dad has to travel very often for his work.
(우리 아빠는 일 때문에 아주 종종 여행을 해야 한다.)

4) 때로는 have(has) to 대신 have(has) got to를 쓰기도 하는데, 뜻은 같다.

예) • I've got to finish the work by next week.
= I have to finish the work by next week.
(나는 그 일을 다음 주까지 완성해야 한다.)
• She has got to leave for home right a way.
= She has to leave or home right away.
(그녀는 즉시 고향으로 떠나야 한다.)

5) musn't(~해서는 안 된다)와 needn't(~할 필요가 없다)

- musn't의 must와 마찬가지로 needn't의 need도 조동사이다. 하지만 일반 동사로서 사용되기도 하므로 don't(doesn't) need to로 써도 된다. 뜻은 needn't와 같다.

예) • We have plenty of time. You needn't hurry.
(= We have plenty of time. You don't need to hurry.
(우리는 시간이 충분히 있다. 서두르지 않아도 된다.)

• We didn't have to hurry at all.
(전혀 서두르지 않아도 되었다.)

■ May and Might

- 일반적으로 may와 might의 차이는 가능성의 정도 차이에 있다고 본다. 즉, may보다는 might가 좀 더 가능성이 낮다. 하지만 우리말로 해석할 때에는 정도의 구분이 되지는 않는다.

예) He may come tomorrow. (그는 내일 올지도 모른다.)
He might come tomorrow. (그는 내일 올지도 모른다.)

단계 2: 언어 연습

1) 구문 따라 읽기

- 학생들이 구문에 익숙해지도록 따라 읽기를 시킨다.

예) T: Repeat after me. I can speak English.
Ss.: I can speak English.
T: I can ride a bike.
Ss.: I can ride a bike.
T: I will come to school early tomorrow.
Ss: I will come to school early tomorrow.
T: We must study hard for the exam.
Ss: We must study hard for the exam.

2) 의문문으로 바꾸기 연습

예) T: This time, make a question. For cxample, if I say "You can ride a bike." Then, you say, "Can you ride a bike?" Do you understand?

Ss: Yes!

T: She can come to the party.

Ss: Can she come to the party?

T: Perfect! She can play computer games.

Ss: Can she play computer games?

T: He will come to the party.

Ss: Will he come to the party?

T: Excellent! They will have a baseball game.

Ss: Will they have a baseball game?

T: Wonderful!

3) 부정문으로 바꾸기 연습

예) T: This time, make a negative sentence (부정문). For example, if I say "I can make spaghetti." then you say "I can not make spaghetti." OK?

Ss.: OK!

T: My brother can use the computer.

Ss: My brother can not use the computer.

T: I can speak English well.

Ss: I can not speak English well.

T: She will come to the party.

Ss: She will not come to the party.

T: They will come to school early.

Ss: They will not come to school early.

단계 3: 언어 사용

- 배운 조동사를 이용해 자신이나 아는 사람에 대해 말하기를 한다. 교사가 먼저 시범을 보이고 개별 학생들에게 말할 기회를 준다.

예) T: First let's use 'can' or 'cannot'. Let me try first.
I can drive a car. Now, it's your turn.
S1: I cannot play the piano.
S2: I can speak English.
S3: I cannot swim.
T: Everybody did a good job! This time, let's use 'will' or 'will not'. What will you do tonight?
I will watch the baseball game tonight.
S4: I will do my homework tonight.
S5: I will not play computer games tonight.
S6: I will help my mom.

8. 소유격과 소유대명사 (Possessives & Possessive Pronouns)

단계 1: 문법 설명

1) 소유격은 말 그대로 소유를 나타낸다. 뒤에는 명사가 따라 나온다. 물론 소유격과 명사 사이에 형용사가 들어가는 경우도 있다.

예) • This is <u>his</u> brother. (이 사람은 그의 형입니다.)
소유격 +명사
• This is <u>my</u> lovely granddaughter.
소유격 +형용사 + 명사 (얘는 나의 사랑스런 손너딸입니다.)

2) 소유대명사는 소유격과 뒤에 따라오는 명사를 합해서 대신 쓰인다. 인칭대명사의 경우에는 각각 소유격과 소유대명사 형태가 있지만, 인칭대명사가 아닌 일반명사나 고유명사의 경우에는 소유격이나 소유대명사 둘 모두 " ~'s"를 붙인다.

예) • This my book. (소유격) → This book is mine. (소유대명사)
(이것은 나의 책이다.) (이 책은 나의 것이다.)
• This is my sister's phone. → This phone is my sister's.
(이것은 언니의 전화이다.) (이 전화는 언니의 것이다.)
• That is Tom's car. → That car is Tom's.
(저 것은 탐의 차이다.) (저 차는 탐의 것이다.)

단계 2: 언어 연습

1) 문장에 알맞은 소유격 넣기

- 교사가 화면에 몇몇 문장들을 띄워주고 주어진 뜻에 맞게 각각의 빈칸에 적절한 알맞은 인칭 대명사의 형태를 학생들로 하여금 넣어서 문장을 읽게 한다.

예) • This is ______ car. (I) Ss: This is my car.
• This is ______ phone. (He) Ss: This is his phone.
• It is ______ house. (They) Ss: It is their house.
• Korea is ______ country. (We) Ss: Korea is our country.

2) 문장이 뜻에 맞게 알맞은 소유격을 넣어 문장 완성하기

예) • I love ________ family so much.
(나는 내 가족을 너무나도 사랑한다.)

• You must take care of __________ brother.
(너는 네 동생을 보살펴야 한다.)

• He called ________ friend right away.
(그는 자기 친구에게 즉시 전화를 걸었다.)

3) 문장 바꾸기

- 소유격이 들어가는 문장을 소유대명사가 들어가는 문장으로 바꾸기

예) • This is my phone. → This phone is mine.
• That is not their house. → That house is not theirs.
• That is not his car. → That car is not his.
• That's my mom's phone. → That phone is my mom's.

단계 3: 언어 사용

1) 지금 현재 자신의 가족이나 아는 사람이 어디 있는지 말하기

- 짝 활동으로 먼저 한 학생이 자신의 가족이나 아는 사람에 대해 언급하고 다른 학생이 그 사람이 현재 어디에 있는지 질문하게 한다. 역할을 바꾸어 가면서 한다.

예) • A: My mom.
B: Where is your mom now?
A: She is at home now.
• B: My dad.
A: Where is your dad now?
B: He is at work now.
• A: My sister.

B: Where is your sister now?
A: She is at school now.

2) 가족에 대한 정보 구하기

- 짝 활동으로 상대방의 가족에 대해 묻고 답하기. 교사가 지원자에게, 또는 학생 한 명을 지명하여 먼저 시범을 보인다.

예) T: Do you have a brother?
S1: Yes.
T: How many brothers do you have?
S1: I have one brother.
T: What's his name?
S1: His name is Chang-ho.
T: How old is he?
S1: He is 18 years old.
T: He must be a high school student.
S1: Yes, he is.

9. 전치사 (Prepositions)

단계 1: 문법 설명

1) 전치사란 홀로 쓰일 수는 없으며, 항상 명사 또는 명사구(관사, 소유격, 형용사 등, 명사와 함께 쓰이는 것들과 명사를 함께 일컬음) 앞에 쓰인다.

예) • I am going to school. (~에, ~로)
전 명사
• He is in his room now. (~안에)
전 명사구
• There is a pond behind the house. (~너머)
전 명사구
• There are many birds on the tall tree.
전 명사구

2) 다양한 전치사를 소개하고 설명한다. 목록 별로 소개하는 것도 효과적이다. 가령 장소를 나타내는 전치사(in, at, on, behind, above, over, beneath, in front of, beside, by, between A and B, 등), 시각 또는 때를 나타내는 전치사(at, in, on, during, for, 등), 등.

예) • We are in the classroom now.
• My dad is at work now.
• I sit between Jungeun and Changhee.
• My seat is beside the window.
• I got up at five this morning.
• We moved during the break.

3) 흔히 한 가지 한글 해석만으로는 잘못 이해될 수 있는 전치사들의 의미를 보다 명확히 설명을 해주는 것도 필요하다. 예를 들면, 'on'이라는 전치사를 가르칠 때 교사는 흔히 '~위에'라고 해석이 되는 예시문만 제시하여 학생들이 그 의미를 잘못 이해하는 경우가 있다. 정확히 말하자면 '~위에'라는 의미보다는 '~표면에'라는 번역이 더 적절하다. 따라서 교사는 다음과 같은 다양한 예시문을 함께 제시하며 '~표면에 붙어 있는' 경우에 쓰인다는 의미를 좀 더 명확히 설명해 줄 필요가 있다.

예) (1) There is a cup on the table. 테이블 위에 컵이 있다.
(2) There is a bug on your back! 네 등에 벌레가 붙어있다!
(3) There are flies on the ceiling. 천장에 파리들이 붙어있다.

※ 대개 교사들이 전치사 'on'에 대해서 가르칠 때 위 예시문들 중 (1)의 뜻으로 쓰인 경우만 예로 드는 경우가 많다. 그 결과 학생들은 'on'의 뜻을 '~위에'로만 인식하게 되어 예시문 (2), (3)에 있는 한글 문장을 제시하고 영어로 번역을 요구하면 'on'을 제대로 사용하지 못하는 경우가 적지 않다.

단계 2: 언어 연습

1) 교사의 실물 묘사에 대해 True/False로 답하기

- 교사는 교실 상황을 제대로 또는 잘못 묘사하는 문장들을 한 문장씩 말하고 학생들로 하여금 'True' or 'False'로 답하게 하는 연습을 한다.

예) T: Tell me if my description about this classroom is true or false. For example, If I say "We have a plant in this room.", then you say, "False!" Ready?
Ss.: "Yes!"
T: "There's a mirror on the wall."
Ss.: "True!"
T: "There's a map on the board."
Ss.: "False!"
T: "Every student has a school bag."
Ss.: "True!"
T: "Good job!"

2) 교실에 있는 실물에 대해 묘사하기

- 교사가 교실에 있는 실물을 지적하고 학생들로 하여금 그것의 위치를 묘사하는 영어 문장을 만들게 한다. 이 때 여러 가지 문장이 가능하다. 따라서 개별 학생을 지명하여 문장을 말해보게 하는 것이 좋다. 교사가 예를 먼저 들어준다,

예) T: If I say "teacher", You can say sentences such as
"The teacher is in the classroom."
"The teacher is in front of the students." or
"The teacher is standing behind the table." Ready?
Ss: Yes!
T: The clock. Who will try? S1?
S1: The clock is on the wall.
T: Good job! Now, you can make any sentence yourself about who is sitting where. For example, about S1.
S1 is sitting in front of S2. Right? Now, can you try?
S3: S1 is sitting behind S6.
T: Excellent! Another way?
S4: S1 is sitting beside S7.
T: Great!

단계 3: 언어 사용

- 위에서 배운 전치사들을 실제 학생들의 경험과 관련지어 의미 있는 언어 사용의 기회를 갖게 한다. 이 단계에서는 지나치게 오늘 배운 내용에만 한정지어서 문장을 만들게 할 필요는 없다. 이전에 배운 것도 기회 있을 때마다 반복해서 언어 입력을 받을 수 있게 하는 것이 필요하므로, 새로 배우는 것과 함께 제시될 수 있으면 좋을 것이다.

1) 먼저 학생들에게 스크린에 비춰주는 보기와 같이 각자 자신이 앉은 좌석을 중심으로 앞, 뒤, 양 옆으로 앉은 친구들의 이름을 적은 좌석 표를 종이 위에 그리게 한다. (이 때 친구들의 이름은 한국어로 적어도 무방하다.)

예) My Class

FRONT

	Teacher	
준석	주원	혜영
단비	Me	영준
초희	지혜	정우

BACK

2) 위의 좌석 표를 바탕으로 하여 아래에 제시된 문장을 보고 빈 칸을 메우게 한다. 이 때 학생들이 하는 일은 교사가 이미 만들어준 문장에 해당 학생 이름만 넣는 아주 간단한 일이다. 하지만 이렇게 함으로써 교사가 만든 문장이라도 학생들 각자의 경험을 바탕으로 한 의미 있는 문장으로 바뀔 수가 있게 된다.

This is my class.
The teacher is in front of the class.
(　　　　) is sitting in front of me.
(　　　　) is sitting behind me.
(　　　　) is sitting on my right.
(　　　　) is sitting on my left.

This is my class.
The teacher is in front of the class.
I am sitting in front of (   ).
I am sitting behind (   ).
I am sitting on (   )'s right.
I am sitting on (   )'s left.

3) 이렇게 각자 쓴 문장에 대해서 또한 발표할 기회도 갖게 된다면 학생들은 언어의 네 가지 기술을 통합하여 학습하는 기회를 갖는 것이 된다. 이러한 활동은 학생들에게 별 부담스러운 것이 아니라서 영어 능력이 아직 많이 모자라는 초보자의 경우에도 얼마든지 가능하다.

4) 수업 시간이 부족한 경우 위 2)의 빈칸 메우기를 숙제로 내고 그 다음 시간에 구두로 발표하게 하는 것도 좋다.

10. 긍정문과 부정문 (Positive & Negative sentences)

단계 1: 문법 설명

1) 서술문(declarative sentences)에는 긍정문(positive sentences)과 부정문(negative sentences)이 있다. 이 둘의 차이는 부정을 나타내는 'not'이 있느냐 없느냐에 있다. 있으면 부정문, 없으면 긍정문이라고 한다.

2) 'not'은 일반 동사와 함께 쓰일 때는 일반 동사 앞에서 주어의 인칭이나 시제에 따라 'do not(=don't)', 'does not(=doesn't)', 'did not (=didn't)'으로 쓰인다. 이 때 동사에 -s가 붙었으면 원형으로 고쳐야 한다.

예) • I study very hard for the exam.
(나는 시험을 위해 매우 열심히 공부한다.)
→ I do not study very hard for the exam.
(= don't)
• We studied very hard for the exam.
(나는 시험을 위해 매우 열심히 공부하였다.)
→ We did not study very hard for the exam.
(=didn't)
• She studies very hard for the exam.
(나는 시험을 위해 매우 열심히 공부한다.)
→ She does not study very hard for the exam.
(=doesn't)
• They studied very hard for the exam.
(그들은 시험을 위해 매우 열심히 공부하였다.)
→ They did not study very hard for the exam.
(=didn't)

3) 반면에 Be동사나 조동사와 함께 쓰일 때는 그 뒤에 쓰이며, 따로 쓰이기도 하고 함께 축약형으로 쓰이기도 한다.

예) • You were a member of the group. (당신은 그 그룹의 멤버였다.)
→ You were not a member of the group.
(=weren't)
• She is coming to the party tonight. (그녀는 오늘 밤 파티에 온다.)
→ She is not coming to the party tonight.
(=isn't)

• He will attend the meeting tomorrow.

(그는 내일 회의에 참석할 것이다.)

→ He will not attend the meeting tomorrow.
(=won't)

• We can clean the classroom today.

(우리는 오늘 교실 청소를 할 수 있다.)

→ We can not clean the classroom today.
(=can't)

단계 2: 언어 연습

1) 긍정문과 부정문 바꾸어 말하기

- 몇 개의 긍정문과 부정문이 섞인 예문들을 화면에 띄워주고 학생들로 하여금 반대로 바꾸게 한다. 처음 한 문장은 전체 학생이 함께 하도록 하고, 나머지는 지원자 또는 개별적으로 지명한 학생들로 하여금 해보게 한다. 그리고 그 뜻을 말하게 한다. 모두 끝나고 난 뒤에는 전체 학생들이 다시 한 번 예문들을 읽어볼 기회를 준다.

예) • There will be a baseball game this afternoon.

(오늘 오후에 야구경기가 있을 것이다.)

→ There will not be a baseball game this afternoon.
(=won't)

• He is not going to visit his friend today.

(그는 오늘 친구를 방문하지 않을 것이다.)

→ He is going to visit his friend today.

• We had a heavy snow yesterday.

(우리는 어제 많은 눈을 가졌다. = 어제 눈이 많이 왔다.)

→ We did not have a heavy snow yesterday.
(=didn't)

단계 3: 언어 사용

1) 교사와 학생 간 질문하고 답하기

- 지난 주말 한 일에 대해 교사가 학생들에게 개별적으로 질문한다. 질문 내용에는 다음과 같은 질문들이 포함될 수 있다.

Q: Did you go out last Sunday?

Q: For what did you go out?

Q: Who did you see?

Q: What did you do?

예) T: Did you stay at home last Sunday? How many of you? (Some students raise their hands.)

T: I see that some stayed at home and some didn't.

T: S1, did you go out?

S1: No, I didn't. I stayed at home.

T: What did you do?

S1: I watched TV and did my homework.

T: What TV program did you watch?

S1: I watched the baseball game.

T: Oh, you did! I did, too.

2) 짝끼리 묻고 답하기

- 지난 주말에 각자 무엇을 했는지에 대해 짝끼리 서로 묻고 답하기를 한다. 위 1)에서의 교사와 학생 간 묻고 답하기가 전체 학생들에게 충분한 시범이 되었을 것으로 판단된다.

3) 짝에 대해서 소개하기

- 위 2)의 짝 활동이 끝나고 난 뒤에는 반드시 교사의 체크가 필요하다. 이 점을 학생들도 미리 알고 있어야 한다. 학생들이 학습활동을 제대로 하지 않고 시간을 허비하는 것을 방지하기 위해서이다. 이를 위하여 몇몇 학생들을 지명하여 짝과 주고받은 이야기를 급우들에게 소개하도록 한다.

예) T: OK. let's stop talking. Now, let me ask some of you what your partner did during the weekend.
T: S1, can you tell us what your partner did during the weekend?
S1: My partner Dawon stayed at home during the weekend and she studied, watched TV, and helped her mom.

11. 의문문 (Interrogatives)

의문문은 영어로 interrogative 혹은 question이라고 하며, 보통 질문을 하고 물음표(?)를 붙이는 형태의 문장을 말한다. 이는 주로 정보를 얻기 위해서 쓰이며, 간혹 어떤 말에 대한 확인이나 거절을 하고자 할 때 쓰이기도 한다. 일반적으로 의문문은 when, where, who, 등의 의문사나 do/does, can, would, 등과 같은 조동사로 시작한다. 하지만 회화체에서는 서술문 형식에서 끝만 올려서 의문문으로 쓰는 경우도 많다.

단계 1: 문법 설명

1) 의문문에는 다음과 같은 네 가지 유형이 있다.

(1) Yes/No 의문문(Yes/No Interrogatives)
- 이는 yes나 no의 답을 요구하는 의문문을 일컫는다.

예) • Will you come to the party?
→ Yes, I will./No, I will not(=won't).
• Did he leave the country?
→ Yes, he did./No, he did not(=didn't).

(2) 선택 의문문(Alternative Interrogatives)
- 선택 의문문이란 두 개 이상의 선택적인 답을 제공하는 의문문을 말한다. 선택의문문을 말할 때 문장 억양은 or 앞에서 올라가고 or 뒤에서 내려온다. 선택이 두 개 중에서 하는 게 아니라 여러 개 중에서 할 때에도 마찬가지로 or앞에 있는 것들은 모두 억양을 올리고 or 뒤에 있는 것만 내린다.

예) • Do you want me to call you ↗ or send an email ↘?
(전화를 해드릴까요? 아니면 이메일을 보내드릴까요?)
• How do you there, by bus ↗ or by train ↘?
(그곳에 어떻게 가십니까? 버스로? 혹은 기차로 ?)
• Would you like it, well-done ↗, medium-rare ↗, or rare ↘?
(그것을 바짝 구울까요, 중간쯤, 아니면 생으로 할까요?)

(3) Wh- 의문문(Wh- Interrogatives)
- Wh-의문문은 의문사(wh-word)로 시작하며, 개방형 답(open- ended response)을 요구한다. 따라서 답에 Yes,/No가 필요 없다.

예) • What's wrong?
• Where do you live?
• Why are you late for school today?

(4) 부가 의문문(Tag questions)

부가 의문문은 서술문(declarative sentence) 뒤에 붙는다. 부가 의문문 만드는 구체적인 방법에 대해서는 뒤에서 좀 더 자세히 설명하기로 하고 여기서는 몇 가지 예만 들면 다음과 같다.

예) • Your brother is a good singer, isn't he?
• Tom and Jim haven't met each other before, have they?
• There's a lake in front of the house, isn't there?
• Your sister is a good student, isn't she?

2) 일반 동사가 있는 서술문의 의문문 만들기

- Be동사나 조동사가 없이 일반 동사만 있는 문장은 의문문으로 만들 때 문두에 Do/Does(현재형일 때) 또는 Did(과거형일 때)를 쓰고 본동사는 원형으로 고친다.

예) • You have a big family.
→ Do you have a big family?
• He has a big family.
→ Does he have a big family?
• He had a big house.
→ Did he have a big house?

3) Be동사나 조동사가 있는 서술문의 의문문 만들기

- Be동사나 조동사를 문두에 낸다.

예) • He is from Korea.
→ Is he from Korea?
• She can speak Chinese.
→ Can she speak Chinese?

4) 의문사를 사용한 의문문 만들기

- 의문사(who, when, where, what, why, how)를 문두에 쓰고 다음으로 주어 앞에 be동사나 조동사(will, can, 등)를 쓰는데, 만약 be동사나 조동사가 없고 일반 동사만 있을 경우 do/does/did를 대신 써야 한다. 의문사 다음에 따로 주어가 없을 경우는 의문사 그 자체가 주어로 사용된 경우이다.

예) • Where are you from? (어디 출신입니까?)
• When will they come? (그들은 언제 옵니까?)
• Where did they move to? (그들은 어디로 이사했습니까?)
• Who visited the office? (누가 사무실을 방문했습니까?)

5) 부가의문문(Tag questions) 만들기

(1) 일반 동사가 있는 문장의 부가 의문문 만들기

① 문장 끝에 'do이 여러 가지 형태(do, does, did, don't, doesn't, didn't) 중 하나 + 주어(대명사 형태)'가 붙으며, 그 문장의 주어 인칭이 무엇인지에 따라, 문장이 긍정문인지 부정문인지에 따라, 그리고 동사의 시제가 현재인지 과거인지에 따라 그 형태가 달라지며, 부가 의문문에 부정형이 들어갈 경우 항상 축약형으로 쓴다.

② 문장이 긍정문이면 부가 의문문은 부정형으로, 문장이 부정문이면 부가 의문문은 긍정형으로 쓴다.

예) • You come to school early every day, don't you?
• She comes to school early every day, doesn't she?
• You came to school early yesterday, didn't you?
• She came to school early yesterday, didn't she?
• Tom doesn't come to school early every day, does he?
• Jane didn't come to school early yesterday, did she?
• You and Tom come to school early every day, don't you?
• Tom and Jane come to school early, don't they?
• We met the person at the lobby, didn't we?
• You and Tom came to school early yesterday, didn't you?
• Tom and Jane came to school early, didn't they?
• They don't come to school early every day, do they?
• They didn't come to school early yesterday, did they?

(2) Be동사나 조동사가 있는 문장의 부가 의문문

- Be동사나 조동사가 있는 문장은 그 Be동사나 조동사에서 not을 붙이거나 떼고 (즉, 긍정이면 부정으로, 부정이면 긍정으로 바꿈) 주어의 대명사를 쓴다.

예) • Bill is a nice person, isn't he? (o)
Bill is a nice person, isn't Bill? (x)
• Jane is not coming to the party, is she? (o)
Jane is not coming to the party, is Jane? (x)

(3) 부가 의문문은 그 억양이 두 가지이다. 즉, 올리는 것과 내리는 것이 있는데, 올리는 억양은 말하는 사람이 몰라서 묻는 경우이며, 내리는 억양은 자신의 말에 대한 상대방의 동의를 구하는 경우이다.

예) • You are hungry, aren't you?↗ (배고프죠, 아닌가요?)
• You are hungry, aren't you?↘ (배고프죠, 그렇죠?)

(4) 부가 의문문에 대한 답은 일반 의문문과 같다. 즉, 부가 의문문이 긍정이건 부정이건 상관없이 'Yes'는 '그렇다'는 뜻이고, 'No'는 '아니라'는 뜻이다.

예) • A: It's very hot today, <u>isn't it</u>? (오늘 매우 덥죠?)
B: Yes, it is! I am sweating a lot.
(예, 더워요! 저는 땀을 많이 흘리고 있어요.)
• A: It's not very hot today, <u>is it</u>? (오늘 그렇게 안 덥죠?)
B: Yes, it is! I am sweating a lot.
(아뇨, 더워요! 저는 땀을 많이 흘리고 있어요.)
• A: It's very hot today, <u>isn't it</u>? (오늘 매우 덥죠?)
B: No, it isn't. I am not sweating.
(아뇨, 안 더워요! 저는 땀이 안 나요.)
• A: It's not very hot today, <u>is it</u>? (오늘 그렇게 안 덥죠?)
B: No, it isn't. I am sweating a lot.
(예, 안 더워요! 저는 땀이 안 나요.)

※ 말하자면 묻는 사람이 '덥죠?'라고 물었건 '안 덥죠?'라고 물었건 상관없이, 즉, 부가의뮨뮤이 긍정이건 부정이건 상관없이, 답하는 사람이 덥다고 생각하면 답은 항상 'Yes, it is.'가 되며, 안 덥다고 생각하면 답은 항상 'No, it isn't.'가 된다.

6) 직접 의문문과 간집 의문문(direct & indirect questions)

직접 의문문은 보통 어순이 바뀐다. 즉 주어 앞에 be동사나 do동사 또는 법조동사(can will, 등)가 오거나, 의문사로 시작할 경우 의문사 다음에 주어와 동사의 위치가 바뀌고 문장 끝에 물음표가 쓰인다. 반면에 간접 의문문은 다른 문장 속에 삽입되는 형태로 나타나며, 주어와 동사의 위치가 바뀌지 않는다. 그 대신 의문사가 없을 경우에는 문장 연결 시 'if'가 들어간다.

예) 직접 의문문

- Is he a good student?
- Does she like baseball games?
- Can they finish the work today?
- Why is he late for school today?

예) 간접 의문문

- I wonder if he is a good student.
  (나는 그가 좋은 학생인지 궁금하다.)
- He asks if she likes baseball games.
  (그녀가 야구 경기를 좋아하는지 어쩐지 그가 묻는다.)
- Nobody knows if they can finish the work today.
  (그들이 오늘 그 일을 완성할 수 있을지 아무도 모른다.)
- Don't ask why he is late for school today.
  (그가 왜 오늘 학교에 늦었는지 묻지 마라.)

단계 2: 언어 연습

1) Yes / No 의문문

- 각 질문에 대한 적절한 응답이 되게 하기 위해 빈 칸을 채우게 한 뒤, 전체 학생들로 하여금 각 문장을 한 번씩 읽게 한다. 이 때 학생들을 두 집단으로 나누어 각각 질문과 답을 하게 하는 것도 좋으며, 학생들이 답하는 데 어려움을 느낀다고 판단될 때에는 그 부분에 대한 설명이 필요하다. 예를 들어 다음 예문들 중에서 'you and your mom'으로 물었을 때 답이 'we'로 나오는 점과 'her brother'는 'he'로, 'Mary and Tom'은 'they'로, 'your sister'는 'she'로 바꾸는 등에 대한 교사의 설명이 필요하다.

예) • Do you and your mom like movies? → Yes, _we_ _do_.
• Is her brother a baseball player? → No, _he_ _isn't_.
• Will Mary and Tom come here? → Yes, _they_ _will_.
• Can your sister speak English? → No, _she_ _can't_.

2) 선택 의문문

- 학생들을 두 집단으로 나누어 아래의 대화에서 각각 질문과 답하는 역할을 맡게 한다. 모든 학생들이 문장 연습을 골고루 하는 기회를 갖기 위해서는 한 집단이 늘 질문을 하고 다른 집단은 답만 하게 할 것이 아니라, 반반씩 역할을 바꾸는 것이 좋다.

예) • Which do you like better, spring ↗ or autumn ↘?
→ I like spring better.
• When will they arrive here, tonight or tomorrow?
→ They'll arrive here tomorrow.
• Where is your mom now, at work or at home.
→ She's at work now.
• Do you need the book this week or next week?
→ I need it this week.

3) Wh- 의문문

예) • Where is she from? → She is from Russia.
• When will you come to see me?
→ I'll come to see you next month.

• Why are you so upset?
→ Because I broke my phone.
• How do you get to school?
→ I get to school by bus.

4) 부가 의문문

- 학생들 중에서 지원자를 받거나 개별적으로 지명을 하여 주어진 예문들의 부가 의문문을 만들고 난 뒤 뜻을 말해보게 하고, 전체 학생들로 하여금 각 문장을 함께 읽어보게 한다.

예) • You didn't call me yesterday, _did_ _you_?
(너 어제 나한테 전화 안했지?)
• Your mom is not at home now, _is_ _she_?
(네 엄마 지금 집에 안 계시지?)
• This watch is pretty expensive, _isn't_ _it_?
(이 시계 꽤 비싸지?)
• They will come to the party, _won't_ _they_?
(그들은 파티에 올 거지?)
• She cannot speak Chinese, _can_ _she_?
(그녀는 중국어 말할 줄 모르지?)

단계 3: 언어 사용

- 교사가 예를 들어 시범을 보인 뒤 잘하는 학생들 몇 명을 지명하여 해보게 한다. 그리고 전체 학생들로 하여금 짝끼리 묻고 답하게 한다. 이 때 질문은 본인이 묻고 싶은 것에 대해 물어도 좋고 교사가 사용한 예문들로 해도 좋다고 말해줌으로써 잘하는 학생들에게는 자신의 문장을 만들 기회를 주는 반면, 자신의 문장을 만들기에는 아직

어려운 학생들에게는 지나친 부담을 주지 않는 것이 필요하다. 물론 이 때 교사가 제공하는 예시 질문은 모든 학생들에게 해당되는 것으로 누구나 나름대로 답을 할 수 있는 것이어야 한다. 또한 학생들에게 내용과 관련된 다른 질문으로 말을 계속해도 좋다고 말해줌으로써, 언어 사용 활동 중에는 너무 해당 표현에만 얽매이지 않고 자유롭게 영어 사용을 할 수 있게 해주는 것이 좋다. 이 단계는 어차피 학생들이 영어를 사용할 수 있도록 기회를 주는 것이 목적이기 때문이다.

1) Yes./ No 의문문

예) • Do you have a big family?

→ ______________________________

• Will you join the baseball game after school?

→ ______________________________

• Can you help me do my homework?

→ ______________________________

• Are you a good speaker of English?

→ ______________________________

2) 선택 의문문

예) • Is your family large or small?

→ ______________________________

• Do you think you are a good student or not?

→ ______________________________

• Which do you like better, English or math?

→ ______________________________

• Do you usually go to bed before or after midnight?

→ ____________________

3) Wh- 의문문

예) • Why do you study English?

→ ____________________

• Which country do you want to visit?

→ ____________________

• When do you usually get up in the morning?

→ ____________________

• What do you want to be in the future?

→ ____________________

4) 부가 의문문

(1) 교사가 개별 학생에 대해 실제 궁금한 것에 대해 부가 의문문으로 질문을 하고 답하게 한다.

예) T: (To the class) You can play computer games, can't you?
Ss: Yes, I can.
T: How about you, S1?
S1: Yes, I can.
T: You can cook, can't you? S2?
S2: No, I can't.
T: You can't drive, can you?
Ss: No, I can't.

(2) 다른 사람의 질문에 답하고 자신도 부가 의문문으로 묻기

T: Now, if someone asks you, you must answer and then, you make another question to someone else. OK?
S1, you always study hard, don't you?

S1: No, I don't.

T: Now, you ask somebody.

S1: OK. S2, you can play baseball, can't you?

S2: Yes, I can.S3, you can't drive a car, can you?

S3: No, I can't.

T: OK. Excellent! Everybody did a really good job.
It's not that difficult, is it?

Ss: No, it isn't!

T: Great!

12. 능동태와 수동태 (Active & Passive sentences)

단계 1: 문법 설명

1) 주어가 동작의 주체일 때 그 문장을 능동태(active) 문장이라고 하고 주어가 동작의 대상일 때 그 문장을 수동태(passive) 문장이라고 한다.

2) 능동태 문장을 수동태 문장으로 고칠 때 주어는 'by ~' 형태로 문장 끝 부분으로 가고, 목적어가 주어가 되며, 동사는 'be + 과거분사' 형태로 바뀐다. 불규칙 동사의 과거분사는 단어마다 다르므로 외워야 한다. (<부록 A> 참조)

예) • *The boy* broke *the glass*. (그 소년이 그 유리잔을 깼다.)
주어 동사(과거) 목적어

→ *The glass* was broken by *the boy*.
(그 유리잔은 그 소년에 의해서 깨어졌다.)

3) 수동태 문장에서 be동사의 형태는 능동태 문장의 시제와 수동태 문장의 주어에 따라 달라진다.

예) • The boy broke the glass.
→ The glass was broken by the boy.
• The teacher helps the student.
→ The student is helped by the teacher.
• The boy broke the glasses.
→ The glasses were broken by the boy.
• The teacher helps the students.
→ The students are helped by the teacher.
• The teacher helped the student.
→ The students was helped by the teacher.
• The teacher helped the students.
→ The students were helped by the teacher.

4) 수동태 문장에서 'by ~' 부분 생략되는 경우가 있는데, 이는 동작의 주체가 누구나 다 아는 경우이거나 아니면 그다지 중요하지 않을 경우이다.

예) • The house was built 100 years ago.
※ 집이 100년 전에 지어졌다는 사실에 초점이 있으며 누구에 의해 지어졌는지는 여기서 별로 중요하지 않다. 따라서 'by ~' 부분은 생략되었다.

단계 2: 언어 연습

1) 능동태 문장을 수동태로 바꾸어 말하기

예) • The heavy storm last night broke all the trees.
(그 심한 폭풍우가 나무들을 모조리 부숴놓았다.)
→ ______________________________

• Her friend informed the shocking news to her.
(그녀의 친구가 그 놀라운 소식을 그에게 전해줬다.)
→ ______________________________

• My sister cleans my room every weekend.
(우리 언니가 내 방을 매 주말마다 청소해준다.)
→ ______________________________

2) 수동태 문장을 능동태로 바꾸어 말하기

예) • All the windows were broken by the explosion.
(그 폭발에 의해서 창문이 모조리 다 깨어졌다.)
→ ______________________________

• Many old people were employed by the company.
(많은 노인들이 그 회사에 의해서 고용되었다.)
→ ______________________________

• The delicious food was made by my sister.
(그 맛있는 음식은 우리 언니에 의해 만들어졌다.)
→ ______________________________

단계 3: 언어 사용

- 자신의 일상이나 습관에 대해 능동태나 수동태로 자유롭게 소개하게 한다. 교사가 먼저 시범을 보인다.

예) T: I drive my car to school every day.
My car is cleaned twice a week. Now, can anyone try?
S1: We clean our classroom every day.
T: You do! How long does it take?
S1: About one hour.
T: I see. Anyone else?
S2: My cell phone was broken yesterday.
S3: Too bad. Why?
S2: I dropped it.
S4: Will you buy another one?
S2: I think so.

13. 비교급과 최상급 (Comparatives & Superlatives)

단계 1: 문법 설명

1) 형용사나 부사는 비교급(comparative)과 최상급(superlative)으로 만들 수 있다. 원래 모양(원급)에 ~er (또는 more ~), the ~est(또는 the most ~)를 붙여서 각각 비교급과 최상급으로 만든다.

2) 비교급은 둘 사이를 비교하는 것으로 비교급 형식은 "A is ~er

than B."이며, 뜻은 "A가 B보다 더 ~하다."이다. 최상급 형식은 "A is the ~est in~ ."이며, 뜻은 "A는 ~중에서 가장 ~하다."는 뜻이다.

예) He is taller than I. (그는 나보다 키가 더 크다.)
Dick is the smartest boy in the school.
(딕이 그 학교에서 가장 영리한 소년이다.)

3) 단어가 3음절이상의 긴 단어일 때는 ~er, ~est를 붙이지 않고 대신 앞에다 more, the most를 붙여서 비교급, 최상급을 만든다.

예) • She is more beautiful than her sister.
(그녀는 언니/동생보다 더 아름답다.) ※beau/ti/ful: 3음절
• That is more expensive than this.
(저것은 이것보다 더 비싸다.) ※ex/pen/sive: 3음절
• This is the most interesting book among them.
(이게 그 중에서 가장 재미있는 책이다.) ※in/ter/est/ting: 4음절
• She is the most diligent student in my class.
(그녀는 우리 반에서 가장 부지런한 학생이다.) ※di/li/gent: 3음절

4) 간혹 2음절로 된 경우에도 예외적으로 '~er', 'the ~est'를 붙이지 않고 앞에 'more', 'the most ~'를 붙이는 경우가 있다.

예) • He comes here more often than before.
(그년 예전보다 더 자주 여기에 온다.) ※o/ften: 2음절

5) 예외적으로 2음절로 된 형용사들 중에 '~er'과 'more ~' 둘 다 쓸 수 있는 단어들도 있다.

예) clever, narrow, quiet, shallow, simple, 등.

• It's too noisy here. I'd like a quieter/more quite place.
(여기는 너무 시끄럽다. 나는 더 조용한 장소가 좋다.)

• This question is simpler/more simple than that one.
(이 문제는 저 문제보다 더 간단하다.)

6) ~y로 끝난 단어는 y를 i로 고치고 ~er, ~est를 붙인다. 또한 단모음(짧게 발음되는 모음) 다음에 나오는 자음은 한 번 더 쓴다.

예) heavy - heavier - heaviest
easy - easier - easiest
pretty - prettier - prettiest
happy - happier - happiest
early - earlier - earliest
big - bigger - biggest
hot - hotter - hottest
thin - thinner - thinnest

7) 몇몇 형용사나 부사는 불규칙적인 비교급과 최상급을 가지고 있어서 이는 별도로 익혀야 한다.

예)

원급	비교급	최상급
good/well	- better	- best
bad/badly	- worse	- worst
far	- farther(further)	- farthest (furthest)

※ further은 그 자체가 "더 많은, 여분의" 뜻으로도 쓰인다.

예) I expect to receive further news from them.
(나는 그들에게서 소식을 좀 더 얻을 것으로 기대하고 있다.)

8) 형용사나 부사의 비교급/최상급의 예

원급	비교급	최상급
tall	taller	tallest
old	older	oldest
fast	faster	fastest
cheap	cheaper	cheapest
strong	stronger	strongest
heavy	heavier	heaviest
big	bigger	biggest
hot	hotter	hottest
happy	happier	happiest, etc.

단계 2: 언어 연습

1) 주어진 단어들을 이용하여 문장 만들기

예) (bike, train, slow) → A bike is slower than a train.

1. (tiger, rabbit, strong) → A tiger ____________________.
2. (Winter, Autumn, cold) → Winter ____________________.
3. (car, bike, fast) → A car ________________________.

2) 교사의 지도에 따라 연습하기

예) T: Let's compare the two.
(showing a picture of Mt. Hanla & Mt. Geumjung)
"Mt. Halla is higher than Mt. Geumjeong."
T: Repeat after me. "Mt. Halla is higher than Mt. Geumjeong."

Ss: "Mt. Halla is higher than Mt. Geumjeong."

T: "OK. Good. Now, let me give you a word and you compare the two using the word. OK?"
"fast" (showing a picture of two animals (lion & elephant)

Ss: "Lion is faster than elephant."

T: Repeat after me. "The lion is faster than the elephant."

Ss: "The lion is faster than the elephant."

3) 교사가 제시한 문장으로 비교급 만들기

예) • This coffee is too weak. Make it __________.
• The weather here is too cold. I prefer ________ weather.
• You are standing too far from the camera. Stand ________.
• You come to school late every day. Come __________.

4) 가격 비교하기

Compare the prices at three supermarkets

	Big bear	Kroger	Myers
COFFEE	1 lb.can ... $3.49	2 lbs. $4.89	2 lbs. ...$5.19
RICE	5 lb. bag ... $2.19	1 lb. box ....69 ¢	1 lb. ... .89 ¢
LETTUCE	1 head ..... .79 ¢	2 heads ....99 ¢	1 head...75 ¢
GROUND BEEF	1 lb. $1.89	5 lbs package...7.99	2 lbs.... $3.05
COOKING OIL	1 qt. .... .93 ¢	1 qt. ....67 ¢	1 gal. $ 3.59
BABY FOOD	5 jars $1.30	8 jars $2.00	1 jar ... .29 ¢

(Fill in the blanks below. Use phrases like CHEAPER THAN AND THE CHEAPEST; MORE EXPENSIVE THAN AND THE MOST EXPENSIVE. Find the answers in the advertisement above. The first two have been done for you.)

1. The coffee at Kroger is _cheaper than_ the coffee at Myers.

2. The coffee at Big Bear is _the most expensive_________.

3. The rice at Big Bear is ______________________.

4. The lettuce at Kroger is _______ Myers and __________.

5. The ground beef at Big Bear is ____________________.

6. The oil at Kroger is ________________________.

7. The baby food at Big Bear is ________________ Kroger.

※ Now make three sentences of your own, using the prices of the three supermarkets given above.

8. ____.

9. ____.

10. ____.

단계 3: 언어 사용

1) 학생들로 하여금 자신의 주변 인물이나 사물에 대해 묘사하게 한다. 교사가 먼저 자신의 예를 먼저 들려준다. 수업 시간은 항상 모자라는 경향이 있다. 또한 학생들이 즉흥적으로 문장을 만들기가 쉽지 않은 경우도 있다. 따라서 교사는 학생들이 가정에서도 교실 수업의 연장선상에서 공부를 더 할 수 있도록 적절한 숙제를 낸다. 그리고 그 다음 수업 시간에 숙제 내용에 대해 발표하게 한다.

예) T: I have a sister.
She is young<u>er</u> <u>than</u> I. But she is tall<u>er</u> <u>than</u> I.
S1: My computer is old<u>er</u> <u>than</u> my brother's computer.

S2: My sister is younger than I. But she is taller than I.

S3: My aunt is shorter than my mom. But she is faster than my mom.

2) 숙제

- 이 경우에는 다음과 같은 숙제를 낼 수 있을 것이다. 하지만 비교 내용은 반드시 아래 제시된 것이 아니라도 좋으며, 원하는 대로 할 수 있게 한다.

Choose any three people around you and compare them. You have to include at least 5 comparative sentences and five superlative sentences. Remember that you will have to introduce them orally in the class.

	☺ ________	☺ ________	☺ ________
Age			
Height			
Weight			

<Age>

1. (older than) ____________________
2. (younger than) ____________________
3. (the oldest) ____________________
4. (the youngest) ____________________

<Height>

1. (taller than) ____________________
2. (shorter than) ____________________

3. (the tallest) ________________________________

4. (the shortest) ______________________________

<Weight>

1. (heavier than) ______________________________
2. (heavier than) ______________________________
3. (the heaviest) ______________________________
4. (the heaviest) ______________________________

※ 학생들의 이해를 돕기 위해서 숙제에 대한 설명은 필요하면 한국어로 해준다. 또한 언제든지 교사의 웹사이트에 들어가면 숙제에 대한 설명 등, 수업 중 놓친 부분에 대해서 다시 볼 수 있도록 도와주는 배려가 필요하다. 적어도 수업 시간 중 교사의 영어를 못 알아들어서 숙제를 못하는 일은 없어야 할 것이다.

14. 동명사 (Gerunds)

단계 1: 문법 설명

1) 동사의 원형에 '~ing'를 붙여서 명사의 역할(주어, 목적어, 보어 등)을 하는 것을 일컬어 '동명사'라고 한다. 동사에 ~ing를 부칠 때 대부분의 경우 동사의 원형에 ~ing만 붙이면 되나, 동사에 따라서는 그 형태가 약간 바뀌기도 한다.

예) • run → running
• lie → lying

2) 동명사는 명사가 쓰일 수 있는 자리에 대신 쓰일 수 있으며, '~하는 것' 또는 '~하기'로 해석된다.

예) • I like reading a book. (나는 책 읽기를 좋아한다.)
• Reading is my hobby. (읽기는 나의 취미이다.)
• I hate cleaning the room. (나는 방 청소하는 것을 싫어한다.)

※ 동명사는 동사를 명사화한 것이기 때문에 명사 역할을 할 수 있으며, 다음과 같이 to-부정사의 명사적 용법(~하는 것, ~하기)으로 바꾸어 쓸 수도 있다. (to-부정사에 관한 상세한 설명은 뒤에 나옴)

예) • I like to read a book.
(나는 책 읽기를 좋아한다.) - 목적어
• To see is to believe.
(보는 것이 믿는 것이다.) - 주어
• My hobby is to cook for my family. - 주격 보어
(나의 취미는 내 가족을 위해 요리하는 것이다.)
• I asked him to write a letter. - 목적격 보어
(나는 그에게 편지를 쓰라고 요구했다.)

■ 비교: 동명사 ~ing(~하는 것, ~하기)와 진형행 ~ing(~하고 있는)의 차이를 예문을 들면서 설명해준다.

예) • I like reading a book. (나는 책 읽는 것을 좋아한다.)
동명사
• I am reading a book (now). (나는 (지금) 책을 읽고 있다.)
현재진행형

※ 위의 첫 문장에서는 동명사로 쓰인 경우이며, 이 때 동명사인 reading 대신 to-부정사인 'to read'가 와도 뜻은 같다. 이 경우에 to-

부정사의 용법은 동사의 목적어로 쓰였으므로 명사적 용법(~하는 것)이다. 반면에 둘째 문장에서는 동명사가 아니라 현재진행형으로 '(지금) ~하고 있다'는 뜻이다.

단계 2: 언어 연습

1) 반대로 말하기

- 교사가 제시하는 단어들을 바탕으로 학생들은 동명사를 이용하여 좋아하거나(like) 싫어한다(don't like)는 문장을 만드는 연습을 한다. 처음 두 문장 정도는 전체 학생들이 함께 답을 하고, 그 다음부터는 개별적으로 지명한다. like나 don't like 대신 love나 hate를 써도 좋다. 교사가 먼저 시범을 보인다.

예) T: study for exams.

Ss: *I don't like studying for exams.*

T: play the computer games

Ss: *I like playing the computer games.*

T: do exercises.

S1: *I don't like doing exercises.*

T: eat ice cream

S2: *I like eating ice cream.*

2) 그림을 보고 문장 만들기

	☹	He________________________________
	☺	She________________________________
	☺	He________________________________
	☹	She________________________________

단계 3: 언어 사용

1) 좋아하는 것과 싫어하는 것 조사하기

- 좋아하는 것과 싫어하는 것에 대해서 동명사가 들어가는 구문으로 교사가 질문하고 학생들은 답을 한다.

예) T: How many of you like reading?
Raise your hand if you do.
Ss: (Some students raise their hands.)
T: Not so many. You don't like reading? I can't believe it! Don't you know reading is important? I'm disappointed! Then, who likes playing computer games?
Ss: (Many students raise their hands.)
T: Wow! Quite a lot. You guys love playing computer games! But try not to spend too much time on them!

2) 자신이 좋아하는 것과 싫어하는 것에 대해 말하기

예) T: This time, tell us about what you like or what you don't like. For example, you can say "I like driving." or "I hate taking exams." Who will try first?

S1: I don't like getting up early in the morning.

T: Oh, you don't like getting up early in the morning. I don't, either. I guess few people will like it. Anyone else?

S2: I like listening to music.

T: You do? I do, too. When I have free time, I enjoy listening to music. But these days I have little time to enjoy music. Do you guys like music?

Ss: Yes!

T: Great. O.K. One more.

S3: I hate studying.

T: I bet nobody likes studying. Is there anyone who likes studying?

Ss: No!

T: I wouldn't blame you. That's quite natural.

15. to 부정사 ('to' infinitives)

- 'to 부정사'란 'to' 다음에 '동사원형'이 오는 경우를 말하며, 세 가지 용법, 즉 명사적 용법, 형용사적 용법, 부사적 용법이 있다. 문장 안에 쓰인 다른 동사의 시제와 상관없이, 그리고 주어의 인칭에 상관없이 to 다음에는 항상 동사원형이 온다.

1) 명사적 용법

단계 1: 문법 설명

- 명사 대신 쓰인 to-부정사를 '명사적 용법'이라고 한다. 명사적 용법으로 쓰인 to-부정사는 명사가 들어갈 수 있는 자리에 대신 쓰여 주어, 목적어, 보어 역할을 할 수 있으며, '~하는 것, ~하기'로 해석한다.

예) • To see is to believe.
(보는 것이 믿는 것이다.)
주어 보어

• I like to watch TV.
(나는 TV보는 것을 좋아한다.)
목적어

• It is your job to clean the room.
(방 청소를 하는 것은 네가 할 일이다.)
주어

※ 이 문장에서 주어 자리에 있는 것은 'It'이나, 그것은 가주어이며, 진주어는 to~이하이다. 이 부분에 대한 상세한 설명은 가주어, 진주어 부분 참조.

단계 2: 언어 연습

- 학생들은 그림을 보며 교사가 제시한 단어를 사용해 to-부정사가 포함된 문장을 만드는 연습을 한다. 첫째 그림을 이용하여 교사가 먼저 시범을 보인다.

예)

	T: If I say, "watch TV," then you say, "I likc to watch TV." OK? Ss: OK!
	T: listen to the music Ss: *I like to listen to the music*.
	T: swim in the pool Ss: *I like to swim in the pool*.
	T: This time, if I say, "cook dinner," then you say, "It's your job to cook dinner."
	T: do the dishes Ss: It's your job *to do the dishes*.
	T: to take care of your mom Ss: It's your job to *take care of your mom*.

단계 3: 언어 사용

1) 학생들에게 오늘 배운 구문을 이용해 자신이 좋아하는 것과 싫어하는 것에 대해 말해보게 한다. 교사가 먼저 시범을 보인다.

예) T: I like to listen to the music. But I don't like to drive the car. All right. What do you like or don't like to do?

S1: I like to play computer games.

T: You do! But don't play too much!

S2: I like to watch movies.

T: Really? How often do you watch?

S2: Once a week.

T: I love to watch movies, but I am too busy these days and I can't watch movies that often.

By the way, how many of you like to watch movies? Raise your hand. (Many students raise their hands.)

Wow, most of you. That's great!

OK, anyone else? What do you like or don't like to do?

S3: I don't like to study for the exam.

T: I bet nobody likes to study for the exam. Does anyone like to study for the exam?

Ss: No!!

(2) 학생들로 하여금 좋은 것과 나쁜 것에 대해 스스로 문장을 만들어 보게 한다.

예) T: This time, using 'to ~' you tell me what you think is good or bad. For example, you can say . . .

- It's good to get up early in the morning. or
- It's bad to get up late in the morning. Any volunteer?

S1: It's good to take some exercise everyday.

T: Excellent! Yes. it's good for health. I myself try to take exercise everyday. Anyone else?

S2: It's bad to play computer games all night.

T: Good job! Yes, you're right. It's bad for your study, and also it's bad for your health.
S3: It's good to help your mom.
T: Great! Do you often help your mom?
S3: Yes.
T: Good daughter/son!

2) 형용사적 용법

단계 1: 문법 설명

- 형용사처럼 명사를 수식하는 'to'부정사를 형용사적 용법이라고 하는데, 형용사적 용법의 'to'부정사는 항상 명사 뒤에서 앞의 명사를 수식한다.

예) • I want something to drink.
(나는 마실 것을 원한다.)
• I got an interesting book to read.
(나는 읽을 재미있는 책을 구했다.)
• There is a good TV program to watch tonight.
(오늘밤 볼 좋은 TV 프로그램이 있다.)

단계 2: 언어 연습

1) 문법 설명하면서 제시한 문장들을 한 번씩 따라 읽게 한다.

※ 교사를 따라 한 문장씩 읽게 하는 것도 좋지만, 경우에 따라서는 교사가 문장을 읽기 전에 개별 학생들을 지명하여 문장을 읽어보게

하거나 뜻을 말해 보게 할 수도 있다. 이렇게 함으로써 교사는 학생들의 이해도를 파악할 수 있을 뿐만 아니라, 약간의 긴장감을 조성함으로써, 학생들이 수업에 보다 집중하게 할 수 있다.

2) 어순 바로 하여 문장 완성하기

- 전체 학생들로 하여금 또는 개별 학생들을 지명하여 화면에 제시한 어순이 뒤섞인 문장을 바로 만들어 보게 한다. 모두 완성되고 난 뒤에는 교사를 따라 전체 학생들이 각 문장을 함께 읽는다.

예) • (something, There, is, in, the, to eat, refrigerator .)

→ Ss: *There is something to eat in the refrigerator.*

• (gift, to give, to, my, I, bought, a, friend.)

→ Ss: *I bought a gift to give to my friend.*

• (at, I, need, a, dress, to wear, the, new, party.)

→ S1: *I need a new dress to wear at the party.*

• (bought, a, She, book, to read, the weekend, during.)

→ S2: *She bought a book to read during the weekend.*

3) 한글 문장을 영어로 바꾸기

- 화면에 한글로 띄워준 문장을 영어로 바꾸게 한다. 이 때 영어 문장의 일부를 제시하여 난이도를 줄여주는 것도 좋다. 전체 학생들로 하여금 함께 영어 문장을 만들게 하는 것도 좋고, 개별 학생을 지명하는 것도 좋다. 모든 문장을 완성하고 난 뒤에는 영어 문장들만 한 번씩 교사를 따라 읽게 한다.

예) • 나는 마실 것을 원한다.

→ I want something _to drink_.

• 그는 읽을 책을 하나 샀다.

→ He bought _a book to read_.

• 그녀는 파티에서 입을 새 옷이 하나 필요하다.

→ She needs _a new dress to wear_ at the party.

단계 3: 언어 사용

1) 교사가 to-부정사의 형용사적 용법으로 학생들에게 질문을 하고 학생들은 그에 대한 답을 한다. 이 때 학생들의 답에 반드시 to-부정사가 들어가도록 강요할 필요는 없다. 그렇게 하면 오히려 자연스러운 답이 안 나올 수도 있기 때문이다. 교사가 to-부정사의 형용사적 용법을 사용하여 질문을 하고 학생들은 그것을 알아듣고 적절한 답을 할 수 있다는 것만으로 충분하다.

예) T: I need some money today.
Do you have any money to lend me?
S1: How much do you need?
T: About 20,000 won.
S1: Sorry, I don't have that much money.
T: That's OK. I will ask someone else.

2) 학생들로 하여금 to-부정사의 형용사적 용법으로 자신의 경험에 대해 말 할 수 있는 기회를 갖게 한다. 만약 이 부분이 학생들에게 너무 힘들다고 판단되면 숙제로 만들어 오게 한다.

3) 부사적 용법

단계 1: 문법 설명

1) 'to' 부정사(= to + 동사원형)의 부사적 용법은 '~하기 위하여'라는 뜻으로 해석한다.

예) • I cleaned my room <u>to help</u> my mother.
(나는 엄마를 돕기 <u>위하여</u> 내 방 청소를 하였다.)
• I turned on the T.V. <u>to watch</u> the game.
(나는 그 경기를 보기 <u>위하여</u> TV를 켰다.)

2) 부정적인 뜻으로 표현할 때는 to 앞에 not을 붙인다.

예) • I hurried <u>not</u> <u>to be</u> late for school.
(나는 학교에 늦지 않기 위하여 서둘렀다.)
• I exercise hard <u>not to gain</u> weight.
(나는 몸무게를 늘리지 않기 위하여 열심히 운동한다.)

※ 전치사로 쓰인 to 다음에는 명사(구)가 오지만 to-부정사로 쓰인 to 다음에는 동사가 온다는 점을 비교, 설명한다.

예) • I go <u>to</u> <u>school</u> in the morning.
전치사 +명사 (학교에)
• I like <u>to</u> <u>cook</u> for my family. (to-부정사의 명사적 용법)
동사 (요리하는 것)
• I want something <u>to</u> <u>drink</u>. (to-부정사의 형용사적 용법)
동사 (마실)
• I went out <u>to</u> <u>mail</u> the letter. (to-부정사의 부사적 용법)
동사 (부치기 위해서)

단계 2: 언어 연습

1) 교사가 예문들을 제시하고 뜻을 필요할 때는 도움을 줘가면서 학생들로 하여금 해석해 보게 하고 따라 읽기를 한다.

예) • I got up at 6:00 <u>to go</u> to school early.

→ ____________________

• My brother went out <u>to see</u> his friends.

→ ____________________

• I finished my homework <u>to watch</u> TV.

→ ____________________

• My dad cleaned the living room <u>to help</u> my mom.

→ ____________________

2) 한글 해석을 주고 뒤섞인 단어들을 적절히 배열하여 영어로 문장을 만들게 한다.

예) • 나는 좋은 학생이 되기 위하여 열심히 공부한다.
(hard a to student . I study be good)

→ ____________________

• 나는 숙제를 하기 위하여 집에 있었다.
(do my at home to stayed homework . I)

→ ____________________

• 나는 달걀 프라이를 만들기 위하여 스토브를 켰다.
(on turned I the to . egg an make fry stove)

→ ____________________

단계 3: 언어 사용

1) 교사의 질문에 대하여 to-부정사의 부사적 용법으로 답하기

예) T: I study English to be a good teacher.
Why do you study English?
S1: I study English to get a good score in the test.
S2: I study English to be a good speaker of English.

2) to-부정사의 부사적 용법으로 자신의 문장 만들기

- 학생들로 하여금 자신의 실생활 경험을 이용하여 스스로 문장을 만들어보게 한다. 교사가 먼저 시범을 보인다. 이 때 대화 내용을 목표 구문에만 지나치게 한정할 필요는 없다. 과거에 배운 학습 내용을 대화상 필요하면 사용할 수 있게 하여 대화를 계속 할 수 있으면 그것만으로도 영어 학습에 도움이 된다.

예) T: I studied English hard <u>to be</u> an English teacher.
(나는 영어교사가 되기 위하여 영어를 열심히 공부하였다.)
T: Did anyone go out last Sunday? For what?
S1: I went out last Sunday <u>to go</u> shopping.
T: Oh, you went shopping. With whom? Your mom?
S1: No, with my brother.
T: So, what did you buy?
S1: I bought a T-shirt.
T: OK. Anyone else? Who stayed at home last Sunday?
(Many students raise their hand.)
T: Wow, quite a lot. What did you do at home? S2?
S2: I helped my mom clean the hosue.

16. 현재형과 현재진행형 (Present simple vs Present continuous)

■ 현재형 (Present simple)

단계 1: 문법 설명

1) 현재형의 사용

- 현재형은 변하지 않는 사실이나 항상 또는 반복적으로 일어나는 일, 등에 대해 얘기할 때 사용한다. 주어가 3인칭 단수일 때는 동사에 -(e)s를 붙인다.

예) • Schools close on Sundays. (학교는 일요일에 문을 닫는다.)
• The earth goes around the sun. (지구는 태양 주위를 돈다.)
• My mom gets up early in the morning.
(우리 엄마는 아침 일찍 일어나신다.)
• The store opens at 9:00 AM and closes at 10:00 PM.
(그 상점은 아침 9시에 열고 저녁 10시에 닫는다.)

2) 부정문으로 만들기

(1) 동사가 일반 동사일 때

- 주어가 1인칭, 2인칭, 또는 복수형일 때는 동사 앞에 'do not' (= don't)을 쓰며, 주어가 3인칭 단수인 경우에는 'does not' (= doesn't)을 쓰고 동사는 원형으로 고쳐 쓴다.

예) • I study very hard for the exam.
(나는 시험을 위해 매우 열심히 공부한다.)
→ I do not study very hard for the exam.
(= don't)

• She studies very hard for the exam.

→ She does not study very hard for the exam.
(=doesn't)

(2) 동사가 Be동사이거나 조동사일 때

- Be동사나 조동사 다음에 not을 쓴다. 주어의 인칭에 관계없이 형태가 모두 같다. be동사와 not을 합쳐서 축약형으로 쓰기도 하고, 주어와 be동사를 축약했을 때는 not은 그대로 붙인다.

예) • You are a good sister. → You are not a good sister.
(=aren't)
= You're not a good teacher.

• He is a kind teacher. → He is not a kind teacher.
(=isn't)
= He's not a kind teacher.

• We can swim in the lake. → We can not swim in the lake.
(=can't)

3) 의문문으로 만들기

(1) 동사가 일반 동사일 때

- 주어가 1인칭, 2인칭, 복수형일 때에는 문두에 Do를, 주어가 3인칭 단수일 때에는 문두에 Does를 붙이고 동사는 원형으로 쓴다.

예) • We close at 5:00 today.

→ Do we close at 5:00 today?

• They play soccer in the park.

→ Do they play soccer in park?

• She helps her mom every day.

→ Does she help her mom every day?

• The school has a big playground.

→ Does the school have a big playground?

(2) 동사가 Be동사이거나 조동사일 때

- 주어에 관계없이 Be동사나 조동사를 문두에 쓴다.

예) • He is a kind teacher.

→ Is he a kind teacher?

• They are from America.

→ Are they from America?

• We can play soccer in the park.

→ Can we play soccer in the park?

단계 2: 언어 연습

1) 부정문 만들기

- 교사가 긍정 서술문들을 화면에 띄워주고 학생들로 하여금 부정문으로 고쳐 말하게 한다. 학생들이 한 문장씩 답을 말하고 난 뒤 정답을 한 문장씩 띄워준다. 첫 문장은 전체 학생들이 하고 나머지는 개별적으로 기회를 준다. 모두 끝나고 난 뒤에는 전체 학생들로 하여금 읽어 보지 못한 문장들을 함께 읽을 기회를 갖게 한다.

예) • I am from this city.→ I am not from this city.

• She speaks slowly. → She doesn't speak slowly.

• Students clean their classroom.

→ Students don't clean their classroom.

• We have to take the exam.

→ We don't have to take the exam.

2) 의문문 만들기

- 교사가 긍정 서술문들을 화면에 띄워주고 학생들로 하여금 의문문으로 고쳐 말하게 한다. 학생들이 한 문장씩 답을 말하고 난 뒤 정답을 한 문장씩 띄워준다. 첫 문장은 전체 학생들이 하고 나머지는 개별적으로 기회를 준다. 모두 끝나고 난 뒤에는 전체 학생들로 하여금 읽어보지 못한 문장들을 함께 읽을 기회를 갖게 한다.

예) • He is from Canada. (그는 캐나다 출신이다.)
→ Is he from Canada?
• He can speak English well. (그는 영어를 잘 말한다.)
→ Can he speak English well?
• Her brother gets up early in the morning.
(그녀의 오빠/남동생은 아침에 일찍 일어난다.)
→ Does her brother get up early in the morning?
• They live in this city. (그들은 이 도시에 산다.)
→ Do they live in this city?

단계 3: 언어 사용

1) 생활 습관 소개하기

- 개별 학생들로 하여금 자신이나 가족 구성원에 대해 한 문장씩 급우들에게 소개하게 한다. 교사가 먼저 시범을 보인다.

예) T: My sister likes to go shopping on Sundays.
S1: My father always drives to work.
S2: My brother likes to eat and he is heavy.
S3: My grandmother is 80 years old but she is healthy.
S4: My uncle is a singer and I like his song.

2) 질문에 대해 답하기

- 개인 학생이 자신이 아는 사람에 대해 먼저 한 문장을 말하면 다른 학생들이 그 사람에 대해 세부적인 질문을 하고 답을 얻는다. 교사가 먼저 시범을 보인다.

예) T: I have a sister. You can ask me questions about her.
S1: How old is she?
T: She is 26 years old.
S2: Is she beautiful?
T: I think so.
S3: Do you like her?
T: Yes, a lot.

■ 현재진행형 (Present continuous)

단계 1: 문법 설명

1) 현재진행형이란 현재 진행 중인 동작을 의미한다. 'now'라는 단어와 함께 쓰이는 경우도 있으나, now를 생략하더라도 '지금' 진행 중임을 나타낸다.

2) 현재형과 현재진행형이 다른 점은, 현재형은 일상적인 일이나 지속적인 상태를 묘사할 때 쓰이는 반면, 현재진행형은 주로 현 시점에서 동작이 진행 중임을 나타내는 데 있다.

예) • I eat breakfast at 7:00. (나는 (보통) 7시에 아침을 먹는다.)
• I am eating breakfast (now). (나는 (지금) 아침을 먹고 있다.)
• Students hate exams. (학생들은 시험을 싫어한다.)
• Students are hating exams. (x)

3) 하지만 동사라고 해서 모두 현재진행형이 가능한 것은 아니다. 즉, 동작이 아닌, 상태나 소유, 지각, 느낌 등을 나타내는 다음 동사들은 대개 진행형으로 사용하지 않는 게 보통이다. 하지만 같은 동사라도 다른 뜻으로 쓰인 경우에는 진행형으로 쓰는 것이 가능할 때도 있다.

believe, belong, consist, contain, fit, hate, know, like, love, need, mean, prefer, realize, remember, resemble, seem, suppose, understand, want, see, hear, smell, taste, 등등.

예) • She has a nice car. (o) (그녀는 근사한 차를 갖고 있다.)
She is having a nice car. (x)
• I need some food to eat. (o) (나는 먹을 음식이 필요하다.)
I am needing some food to eat. (x)
• She seems to be nervous. (o) (그녀는 불안한 것 같다.)
She is seeming to be very nervous. (x)
• I always feel tired after school. (o) (나는 항상 방과 후 피곤하다)
I am always feeling tired after school. (x)
• They believe what you said. (o) (그들은 네 말을 믿는다.)
They are believing what you said. (x)

비교)
• He is having breakfast. (o) (그는 아침을 먹고 있다.)
※ 이때 have는 소유인 '가지다'가 아닌 '먹다(eat)'의 뜻임.
• He is being selfish. (그는 지금 이기적으로 행동하고 있다.)
※ 이때 be는 '이다'가 아닌 '행동하다(behave, act)'의 뜻임.

4) 또한 현재진행형이 always와 같은 빈도 부사와 함께 쓰이면 그 뜻이 약간 달라진다. 즉, 현재진행 중인 일을 묘사한다기보다는 너무 자주

반복한다는 뜻으로, 상대에 대한 부정적인 감정을 나타낸다.

예) • She's always watching TV. (그녀는 TV를 너무 자주 본다.)
(= She watches TV too often.)
• He's always complaining. (그는 항상 불평이다.)
(= He complains too much.)
(= He's never satisfied.)

단계 2: 언어 연습

1) 현재형을 현재진행형으로 바꾸기 (now 사용)

- 교사가 화면에 현재형 문장을 현재진행형으로 바꾼 보기를 하나 띄워주고 따라 읽힌 뒤, 나머지는 학생들로 하여금 바꿔보게 한다. 한 문장 끝날 때마다 답을 바로 제시하며 모두 끝나고 난 뒤에는 전체 학생들에게 문장을 읽게 한다. 두 그룹으로 나누어 각각 현재형과 현재진행형으로 말하게 하고, 중간에 두 그룹의 역할을 바꾸어 하는 것도 좋다.

예) • We study English everyday.
(우리는 영어를 매일 공부한다.)
→ We are studying English now.
• The teacher talks to the students.
(교사가 학생들에게 얘기한다.)
→ The teacher is talking to the students now.
• They clean the classroom every day.
(그들은 매일 교실 청소를 한다.)
→ They are cleaning the classroom now.

2) 현재진행형을 의문문으로 바꾸기

예) • They are moving out now. (그들은 지금 이사 나가고 있다.)

→ Are they moving out now?

• Your mom is talking on the phone now.

(네 엄마는 지금 전화통화 중이시다.)

→ Is your mom talking on the phone now?

• He is coming back home now.(그는 지금 집에 오고 있다.)

→ Is he coming back home now?

3) 그림 묘사하기

- 동작을 묘사하는 그림을 보고 학생들은 "What is s/he doing?"에 대한 답을 한다.

예)

1	2	3	4

5	6	7	8

9	10	11	12

단계 3: 언어 사용

- 개별 학생으로 하여금 자신의 가족 구성원 중 한 사람이 지금쯤 무엇을 하고 있을 것인지에 대해 추측하게 한다. 교사가 먼저 시범을 보인다. 추측을 나타낼 때 쓰는 부사 'probably'(아마도 - 강한 추측)를 함께 쓰도록 한다.

예) T: My sister is probably staying at home now.
Now, can anyone tell us about what one of your family members is probably doing now?
S1: My dad is probably working in his office now.
T: What does he do?
S1: He is an engineer.
T: OK. Anyone else?
S2: My mom is probably cleaning the house now.
T: Does she also clean your room?
S2: Sometimes. But usually I clean the room myself.
T: That's great. Anyone else?
S3: My sister is probably studying at school now.
T: How old is she?
S3: She is 10 years old.
T: She is young.
S3: Yes. She is an elementary school student.
T: OK. Anyone else?
S4: My dad is probably teaching at school now.
T: Oh, is he a teacher?
S4: Yes. He is a math teacher.

17. 과거형과 과거진행형 (Past simple vs Past continuous)

■ 과거형 (Past simple)

단계 1: 문법 설명

1) 과거형은 지나간 일에 대한 기술을 할 때 쓰인다. 동사가 규칙 동사(regular verbs)인 경우에는 주어의 인칭에 상관없이 항상 -(e)d를 붙이지만 불규칙 동사(irregular verbs)인 경우에는 개별적으로 익혀야 한다. (불규칙 동사의 종류에 대해서는 <부록 A> 참조)

예) • I cleaned the house in the morning.
- He cleaned the house in the morning.
- They ate lunch at the school cafeteria. (먹다: eat < ate)
- I slept in my room all day long. (잠자다: sleep < slept)
- We saw the accident on the street. (보다: see < saw)
- She wrote a letter to her friend. (쓰다: write < wrote)

2) 규칙 동사건 불규칙 동사건 상관없이 일반 동사의 과거형 문장을 의문문으로 고칠 때에는 문두에 Did를 붙이고 동사는 원형으로 고친다.

예) • He cleaned the house last week.
→ Did he clean the house last week?
- They ate lunch at the school cafeteria.
→ Did they eat lunch at the school cafeteria.
- She wrote a letter to her friend.
→ Did she write a letter to her friend.

3) 마찬가지로, 규칙 동사건 불규칙 동사건 상관없이 일반 동사의 과

거형 문장을 부정문으로 고칠 때에는 did not(=didn't)을 동사 앞에 쓰고 동사는 원형으로 고친다.

예) • He cleaned the house last week.
(그는 지난 주 집 청소를 하였다.)
→ He did not(=didn't) clean the house last week.
• They ate lunch at the school cafeteria.
(그들은 학교 식당에서 점심을 먹었다.)
→ They did not(=didn't) eat lunch at the school cafeteria.
• She wrote a letter to her friend.
(그녀는 친구에게 편지를 썼다.)
→ She did not(=didn't) write a letter to her friend.

4) Be동사나 조동사의 과거형 문장을 의문문으로 고칠 때에는 Be동사나 조동사를 문두에 내어주기만 하면 된다.

예) • He was late for school this morning.
(그는 오늘 아침 학교에 지각을 하였다.)
→ Was he late for school this morning.
• They were invited for the party last Friday.
(그들은 지난 금요일 파티에 초대받았다.)
→ Were they invited for the party last Friday?
• She would visit his house on Sundays.
(그녀는 일요일이면 그의 집을 방문하곤 했다.)
→ Would she visit his house on Sundays?

5) Be동사나 조동사의 과거형을 부정문으로 고칠 때에는 뒤에 not만 붙이면 된다.

예) • He was late for school this morning.
(그는 오늘 아침에 학교에 지각했다.)

→ He was not late for school this morning.

• They were invited to the party last Friday.

(그들은 지난 금요일 파티에 초대받았다.)

→ They were not invited to the party last Friday.

6) 조동사의 과거형은 모양은 과거형이나 해석은 과거형으로 하지 않거나 다른 뜻으로 쓰이는 경우가 있으니 주의해야 한다.

예) • I could finish the work without any help.

(나는 아무런 도움 없이 그 일을 완성할 수 있었다.) -과거형

• Probably, I could finish the work without any help.

(아마도, 나는 아무런 도움 없이 그 일을 완성할 수 있을 것이다.

- 이때의 could는 can의 뜻과 거의 같다. 즉, 모양은 can의 과거형이지만 뜻은 현재이다.

• If I were a bird, I would fly to you.

(만약 내가 새라면 너에게 날아갈 수 있을 텐데.)

- 여기서 would는 '가정법 과거'에 쓰인 것으로서 '현재 사실의 반대'를 가정한다. 따라서 비록 조동사 will의 과거형이지만 해석은 과거로 하지 않는다.

• I would visit my uncle on Saturdays.

(나는 토요일이면 삼촌을 방문하곤 했었다.)

- 이때의 would는 과거의 불규칙적인 습관을 나타내며, 그 뜻은 '~하곤 했었다.'이다. (반면 과거의 규칙적인 습관이나 상태를 나타낼 때는 'used to'를 사용한다.)

예) • I used to work for the company.

(나는 그 회사를 위해서 일했었다.)

• There used to be a house around here.

(이 근처에 집이 한 채 있었었다.)

단계 2: 언어 연습

1) 과거형 문장을 의문문으로 고치기

(1) 개별적으로 시도하기

- 교사가 과거형으로 된 서술문들을 화면에 띄워주고 학생들이 전체적으로 혹은 개별적으로 의문문으로 고친다. 첫 문장은 교사가 시범을 보인다.

예) • The store closed at 10:00PM.

→ *Did the store close at 10:00PM?*

• She finished her homework before dinner.

→ *Did she finish her homework before dinner?*

• You had lunch in the school cafeteria.

→ *Did you have lunch in the school cafeteria?*

• He was late for school this morning.

→ *Was he late for school this morning?*

• They were cleaning the classroom.

→ *Were they cleaning the classroom?*

• The students took the final exam yesterday.

→ *Did the students take the final exam yesterday?*

(2) 집단별로 읽기 연습

- 전체 학생들이 두 집단으로 나뉘어 위 1)에서의 예문들을 한 집단은 서술문으로 말하고 다른 집단은 의문문으로 말하게 한다. 예문의 반이 끝나면 역할을 바꾸어 나머지를 하게한다. 이렇게 하는 이유는 모든 학생들이 서술문과 의문문을 고루 연습하게 하기 위해서이다.

2) 과거형 문장을 부정문으로 고치기

- 일반 동사의 경우에는 주어의 인칭과 상관없이 동사 앞에 didn't를 쓰고 동사는 원형으로 고친다. be 동사의 경우에는 be 동사 뒤에 not을 붙인다.

예) • The store closed at 10:00PM.
→ *The store didn't close at 10:00PM.*
• She finished her homework before dinner.
→ *She didn't finish her homework before dinner.*
• You had lunch in the school cafeteria.
→ *You didn't have lunch in the school cafeteria?*
• He was late for school this morning.
→ *He was not late for school this morning.*
• They were cleaning the classroom.
→ *They were not cleaning the classroom.*
• The students took the final exam yesterday.
→ *The students didn't take the final exam yesterday.*

단계 3: 언어 사용

1) 지난 주말에 한 일에 대해서 반 친구들에게 말하기

- 개인 학생들에게 지난 주말에 한 일에 대해 말할 기회를 갖게 한다. 이 단계는 학생들의 언어 사용을 북돋우기 위한 것이므로 반드시 한 문장만 말하도록 제한할 필요는 없다. 많이 말할 수 있는 학생들에게는 충분한 시간을 주는 것도 때로는 필요하다. 교사가 먼저 시범을 보인다.

예) T: Last weekend I went shopping to a store and met my old friend.

S1: Last weekend I stayed at home and helped my mom.
S2: Last weekend I got a haircut.
S3: Last weekend I went out and met my friend.
S4: Last weekend I went shopping with my mom.
S5: Last weekend I cleaned my room.

2) 친구가 한 일에 대해 질문하기

- 개별 학생들이 자신에게 과거에 일어난 일에 대해 이야기 하게 하고 다른 학생들의 질문에 대해 답하게 한다. 교사가 먼저 시범을 보인다.

예) T: My car broke down.
S1: Why?
T: Because it is too old.
S2: How old is it?
T: It is 15 years old.
S3: Will you buy a new car?
T: No, not yet. I will have it fixed and use it.
T: OK. Now it's your turn.
Can anybody tell us what happened to you?

3) 지난 주말에 한 일에 대해서 짝끼리 묻고 답하기

- 이번에는 짝끼리 지난 주말에 무엇을 했는지에 대해 서로 이야기 하게 한다. 짝 활동이 끝나고 난 뒤 자신의 짝이 무엇을 했는지에 대해 발표하게 한다. 먼저 교사가 학생 한 명과 시범을 보인다.

예) T: S1, did you have a good weekend?
S1: Not really.

T: What's the matter?
S1: I had to clean the house.
T: Oh, you did! Good daughter!
OK, everyone, this time talk with your partner. Remember that you must tell us what your partner did last weekend.

※ 짝 활동 후에 발표를 하게 하는 이유는 짝 활동을 열심히 했는지 교사가 체크하기 위한 목적도 있으며, 또한 학생들로 하여금 짝 활동을 열심히 하도록 만들기 위한 목적도 있다. 이를 위해서는 활동 후 공개 확인(public check)을 한다는 것을 학생들이 미리 알게 하는 것이 필요하다.

▪ 과거진행형 (Past continuous)

단계 1: 문법 설명

1) 과거진행형이란 과거 어느 시점에서 진행 중이었던 동작을 의미한다. 과거형과 다른 점은 과거형은 과거에 이미 완성된 일을 묘사할 때 쓰는 반면, 과거진행형은 과거 어느 시점에서 동작이 진행 중이었음을 나타내는 데 있다.

예) • I ate breakfast at 7:00. (나는 7시에 아침 먹었다.) → 과거형
• I was eating breakfast at that time.
(나는 그 시각에 아침 먹고 있었다.) → 과거진행형

2) 과거진행형을 의문문으로 만들기

- 과거진행형은 의문문을 만들 때 Be동사만 문두로 내면 되며, 부정문으로 만들 때는 not를 Be동사 뒤에 써주기만 하면 된다.

예) • He was sleeping in his room.
→ Was he sleeping in his room?
→ He was not sleeping in his room.
• You were doing your homework.
→ Were you doing your homework?
→ You were not doing your homework.

단계 2: 언어 연습

1) 과거형을 과거진행형으로 바꾸기

(1) 과거형으로 된 문장들을 화면에 띄워주고 첫 문장은 전체 학생들에게 나머지 문장들은 개별 학생들을 지명하여 과거진행형 문장으로 고치게 한다. 모두 완성하고 난 뒤에는 전체 학생들에게 각 문장을 읽어보게 한다.

예) • We played soccer after school.
→ *We were playing soccer after school.*
• He did his homework in his room.
→ *He was doing his homework in his room.*
• She drove her friend to the airport.
→ *She was driving her friend to the airport.*
• I watched the baseball game after dinner.
→ *I was watching the baseball game after dinner.*

(2) 전체 학생들을 두 집단으로 나누어 각각 위 예문들 중 반을 과거형 문장 혹은 과거진행형 문장으로 말해보게 한 뒤, 두 집단의 역할을 바꾸어서 예문들 중 나머지 반을 과거형 문장과 과거형 문장과 과거 진행형 문장으로 말하게 한다.

2) 과거진행형을 의문문으로 바꾸기

(1) 과거진행형으로 된 문장들을 화면에 띄워주고 첫 문장은 전체 학생들에게 나머지 문장은 개별 학생들에게 의문문으로 고치게 한다.

예) • He was sleeping on the sofa.

→ *Was he sleeping on the sofa*?

• They were taking the final exam.

→ *Were they taking the final exam*?

• She was doing the dishes in the kitchen.

→ *Was she doing the dishes in the kitchen?*

• You were having dinner at that time.

→ *Were you having dinner at that time*?

(2) 전체 학생들을 두 집단으로 나누어 각각 위 예문들 중 반을 과거진행형 문장 혹은 과거진행형의 의문문으로 말하게 한다.

(3) 두 집단의 역할을 바꾸어서 예문들 중 나머지 반을 과거진행형 문장 혹은 과거진행형의 의문문으로 말하게 한다.

3) 과거진행형을 부정문으로 바꾸기

(1) 과거진행형으로 된 문장들을 화면에 띄워주고 첫 문장은 전체 학생들에게, 나머지 문장은 개별 학생들에게 부정문으로 고치게 한다. 완성하고 나면 각 문장을 한 번씩 읽힌다.

예) • I was taking shower in the bathroom.

→ *I was not taking shower in the bathroom.*

• My parents were meeting their friends.

→ *My parents were not meeting their friends.*

• We were playing computer games.

→ *We were not playing computer games.*

• They were watching TV after dinner.

→ *They were not watching TV after dinner.*

(2) 전체 학생들을 두 집단으로 나누어 위 예문들 중 반을 한 집단이 긍정문으로 말하면 나머지 집단은 부정문으로 말하게 한다. 예문들의 반을 말하고 나면 두 집단의 역할을 바꾸어서 나머지 예문들을 각각 말하게 한다.

단계 3: 언어 사용

1) 과거의 어느 시점에 자신이 했던 일에 대해 소개하고 묻기

- 자신이 어제 특정 시각에 하고 있었던 일에 대해 먼저 소개한 후, 다른 학생을 지명하여 특정 시각에 무엇을 했는지 질문을 던진다. 교사가 먼저 시범을 보인다.

예) T: I was sleeping at 12:00 last night.
What were you doing at that time? S1?
S1: I was doing my homework.
What were you doing at 8:00 last night? S2?
S2: I was studying math at 학원.
What were you doing at 12:30 yesterday? S3?
S3: I was having lunch at the school cafeteria.

2) 짝끼리 어제 저녁 특정 시점에 했던 일에 대해 서로 묻고 답하기를 한다. 교사가 먼저 한 학생에게 질문을 던짐으로써 시범을 보인다.

예) T: I was watching TV at 10:00 last night.
S1, what were you doing at that time?
S1: I was studying.
T: Oh, you were studying.
What were you studying?
S1: I was studying math.
T: Oh, you were! Good student!
Now, why don't you ask and answer each other?
(Students work in pairs.)

18. 현재완료형과 현재완료진행형 (Present perfect simple & Present perfect continuous)

■ 현재완료형 (Present perfect simple)

단계 1: 문법 설명

1) 현재완료형은 'have(has) + 과거분사'의 형태이다. 과거분사(past participle)란 규칙동사의 경우 일반 동사의 과거형과 같이 동사원형에 -ed를 붙인 형태이다. 하지만 불규칙 동사의 경우에는 단어마다 그 모양이 다르기 때문에 각각 익혀야 한다. (보다 많은 불규칙 동사에 대해서는 <부록 A> 참조)

예)

규칙 동사			불규칙 동사		
현재	과거	과거분사	현재	과거	과거분사
play	played	played	speak	spoke	spoken
walk	walked	walked	hear	heard	heard
smile	smiled	smiled	eat	ate	eaten
call	called	called	see	saw	seen
clean	cleaned	cleaned	read	read	read
wash	washed	washed	write	wrote	written
looked	looked	looked	run	ran	run
cook	cooked	cooked	cut	cut	cut
등등...	등등...	등등...	등등...	등등...	등등...

2) 현재완료형 문장을 의문문으로 고칠 때에는 조동사 has나 have를 문두로 내면 된다.

예) • She has finished her work.
(그녀는 자신의 일을 완성했다.)
→ Has she finished her work?
• We have paid for the service right away.
(우리는 그 서비스에 대한 대가를 바로 지불했다.)
→ Have we paid for the service?

3) 현재완료형 문장을 부정문으로 고칠 때에는 조동사 has나 have 뒤에 not을 붙이기만 하면 된다.

예) • She has finished her work. (그녀는 그 일을 완성했다.)

→ She has *not* finished her homework.

- We have paid for the service.
(우리는 그 서비스에 대해 값을 지불했다.)
→ We have *not* paid for the service.

4) 현재완료형에는 여러 가지 용법(완료, 경험, 계속, 결과)이 있다. 하지만 한국어로 해석을 할 때에는 그 차이가 잘 드러나지 않는 경우가 많다. 정확한 뜻은 상황 속에서 파악해야 할 때가 많다.

예) • I have finished my homework. (완료)
(나는 숙제를 완성했다.) - 완료했다는 뜻
- I have visited Korea. (경험)
(나는 한국을 방문한 적이 있다.) - 경험이 있다는 뜻
- I have taught English for ten years. (계속)
(나는 10년 간 영어를 가르쳐왔다.) - 지금도 계속 가르치고 있다는 뜻.
- He has lost my watch. (결과)
(나는 시계를 잃어버렸다.) - 따라서 현재 시계가 없다는 뜻.
※ have(has) gone to~ 와 have(has) been to~ 의 차이:
- She has gone to France.
(그녀는 프랑스에 갔다. 그래서 지금 여기 없다는 뜻) (결과)
- She has been to France.
(그녀는 프랑스에 가본 적이 있다.) (경험)

5) 현재완료형은 종종 just, already와 yet과 함께 쓰이는 경우가 많다.

예) • I've *just* had lunch and I'm not hungry at all.
(나는 방금 점심을 먹어서 배가 전혀 고프지 않다.)

• They have *already* arrived at the airport.
(그들은 이미 공항에 도착했다.)
• Sorry, I haven't sent the mail *yet*.
(미안하지만 아직 우편을 못 보냈습니다.)
※ yet(아직)은 의문문이나 부정문에 사용한다.

6) 동작을 나타내는 동사라고 할지라도 always는 완료형과 함께 쓰며, 완료진행형과 함께 쓰지 않는다.

예) • I've *always* lived in this city since I was born. (o)
(나는 태어나서 줄곧 이 도시에서 살아왔다)
• I've *always* been living in this city since I was born. (x)

7) 어떤 동사들(즉, 상태, 소유, 지각, 느낌, 등을 나타내는 동사)은 진행형으로 쓰이지 않는다. 따라서 완료형으로는 쓰이지만 완료진행형으로는 쓰이지 않는다.

예) • I've known about the affair since last year. (x)
I've been knowing about the affair since last year. (o)
• We've believed whatever they say. (o)
They've been believing whatever they say. (x)

8) 흔히 "How long...?"에 대한 답으로 완료형이나 완료진행형으로 답을 할 때 for이나 since가 함께 쓰이는 경우가 많다.

예) • A: How long has it been raining?
(비가 얼마나 오래 내리고 있나?)
B: It's been raining for two hours.
(2시간 동안 비가 계속 오고 있다.)

It's been raining since this morning.

(오늘 아침 이래로 바기 계속 오고 있다.)

- A: How long have they known each other?

  (그들이 서로 알고지낸지는 얼마나 되었나?)

  B: They've known each other since they were very young.

  (그들은 아주 어릴 때 이래로 서로 알고 지냈다.)

단계 2: 언어 연습

1) 주어진 빈칸 안의 동사를 현재완료형으로 고치기

- 화면에 빈 칸이 있는 문장을 띄워주고 개별 학생들을 지명하여 완성하여 읽어보게 한다. 그리고 정답을 다시 화면에 띄워주고 전체 학생들이 한 번 더 읽게 한다.

예) • Mary _____ ________ out of the country. (go)

(메리는 출국하였다.)

→ *Mary has gone out of the country.*

• My friends _____ ________ their bags at the airport. (lose)

(친구들이 공항에서 가방을 잃어버렸다.)

→ *My friends have lost their bags at the airport.*

• He and she ______ _________ in the same school. (teach)

(그와 그녀는 같은 학교에서 가르쳤다.)

→ *He and she have taught in the same school.*

• We ______ ________ for the child all day long. (look)

(우리는 그 아이를 하루 종일 찾았다.)

→ *We have looked for the child all day long.*

2) 현재완료형의 용법 구분하기

- 현재완료형을 사용한 문장들을 제시하고 어떤 용법으로 쓰였는지 묻는다. 개별 학생을 지명하여 각 문장을 해석해보게 한다.

예) • We <u>have cleaned</u> the classroom. (완료)
(우리는 교실을 청소했다. - 청소를 끝냈다.)
• They <u>have seen</u> the lost child. (경험)
(그들은 잃어버린 아이를 보았다. - 본 적 있다.)
• It <u>has rained</u> for two hours. (계속)
(비가 두 시간 동안 내렸다. - 지금도 비가 오고 있다)
• The strong wind <u>has broken</u> the window. (결과)
(강한 바람이 유리창을 깼다. - 그 결과 유리창이 저렇다.)

3) 현재완료형 문장을 의문문으로 고치기

- 개별 학생들로 하여금 각 문장을 고쳐서 말하게 한 뒤 전체 학생들이 한 번씩 각 문장을 읽을 기회를 준다.

예) • She <u>has</u> left the city. (그녀는 도시를 떠났다.)
→ <u>Has</u> she left the city?
• We have received the letter. (우리는 그 편지를 받았다.)
→ <u>Have</u> we received the letter?
• They <u>have</u> found their child. (그들은 아이를 찾았다.)
→ <u>Have</u> they found their child?

4) 현재완료형 문장을 부정문으로 고치기

- 개별 학생들로 하여금 각 문장을 고쳐서 말하게 한 뒤 전체 학생들이 한 번씩 각 문장을 읽을 기회를 준다.

예) • I have visited your country.
(나는 당신의 나라를 방문한 적이 있다.)
→ I have not visited your country.
• I have sent an email to his brother.
(나는 그의 형에게 이메일을 보냈다.)
→ I have not sent an email to his brother.
• We have cleaned the classroom.
(우리는 교실을 청소했다.)
→ We have not cleaned the classroom.

단계 3: 언어 사용

1) 경험에 대해 묻고 답하기

- 개별 학생들로 하여금 현재완료형을 사용하여 자신의 경험에 대해 한 문장씩 말하게 한다. 그에 대해 다른 학생으로 하여금 적절한 질문을 하게 함으로써 대화를 이어간다. 자신의 경험에 대해 말하는 학생이 없을 때나 한 학생의 발표에 대해 다른 학생의 반응이 없을 때에는 교사가 대신 그 역할을 한다. 교사가 먼저 시범을 보인다.

예) T: I have taught English for five years. Now, you can ask me questions. Anyone?
S1: Why did you become an English teacher?
T: Because English was my favorite subject and I like teaching. Now, can anyone try? Tell us about yourself.
S2: I have lost my phone.
S3: Where?
S2: On the bus.
S3: Will you buy another one?

S2: Yes, I will.

S3: Do you have money?

S2: No, I don't. I have to tell my mom.

T: OK. Excellent! Can anyone try again?

2) 사람 추측하기

- 교사가 묘사하는 사람에 대해 학생들이 누구인지 추측한다. 한 문장으로 답이 나오지 않으면 계속해서 다음 문장을 말해준다. 또한 학생들의 다른 질문에 대해서도 교사는 적절한 답을 한다.

예) T: This teacher has taught you since March.

Ss: . . . . .

T: She has been in this room for 30 minutes.

Ss: You!

T: This man has taught in this school for 5 years.

Ss: . . . . .

T: He has taught Geography.

Ss: Mr. Lee, J-O?

T: That's right. He has taught Geography here for 5 years.

■ 현재완료진행형 (Present perfect continuous)

단계 1: 문법 설명

1) 현재완료진행형은 과거에 시작되어 지금까지 해왔으며 지금도 진행 중인 일을 묘사할 때 쓰이며, 'have(has) + been + ~ing'의 형태이다.

예) • You have been looking for the key since this morning.
(너는 오늘 아침이래 계속 열쇠를 찾고 있다.)
• They have been cleaning the house for two hours.
(그들은 집 청소를 두 시간 동안 하고 있다.)
• She has been sleeping after lunch.
(그녀는 점심식사 후 계속 자고 있다.)
• It has been raining all day long.
(하루 종일 비가 오고 있다.)

2) 의문문으로 고칠 때에는 have(has)만 문두로 내기만 하면 된다.

예) • You have been looking for the key since this morning.
(너는 오늘 아침 이후로 계속 열쇠를 찾고 있다.)
→ Have you been looking for the key since this morning?
• They have been cleaning the house for two hours.
(그들은 2시간 동안 집 청소를 하고 있다.)
→ Have they been cleaning the house for two hours?
• She has been sleeping after lunch.
(그녀는 점심 식사 후 계속 자고 있다.)
→ Has she been sleeping after lunch?
• It has been raining all day long.
(하루 종일 비가 내리고 있다.)
→ Has it been raining all day long?

3) 부정문으로 고칠 때에는 have(has) 뒤에 'not'만 붙이면 된다. have + not과 has + not의 축약형은 각각 haven't와 hasn't이다.

예) • You have been looking for the key since this morning.
(당신은 아침부터 계속 열쇠를 찾고 있다.)

→ You have not been looking for the key since this morning.

• They have been cleaning the house for two hours.
(그들은 2시간 동안 집청소를 하고 있는 중이다.)
→ They have not been cleaning the house for two hours.

• It has been raining all day long.
(하루 종일 비가 오고 있다.)
→ It has not been raining all day long.

단계 2: 언어 연습

1) 현재완료진행형으로 문장 만들기

- 교사가 화면에 제시한 그림과 단어에 맞추어 첫 문장은 교사가 시범을 보인 후 전체 학생들이 함께, 나머지 문장들은 개별적으로 혹은 전체적으로 현재완료진행형이 포함된 문장을 만든다. 질문을 통해 학생들이 뜻을 이해했는지도 확인한다.

예)

	(snowing, since yesterday) Ss: It has been snowing since yesterday.
	(crying, for one hour) S1: The baby has been crying for one hour.
	(sleeping, all day long) S2: The cats have been sleeping all day long.
	(ringing, for ten minutes) S3: The phone has been ringing for ten minutes.
	(watching TV, after dinner) Ss: They have been watching TV after dinner.

2) 의문문과 부정문 만들기

- 위 그림들과 함께 현재완료진행형 문장들을 제시한 후, 의문문과 부정문으로 만드는 연습을 한다. 첫 문장은 교사와 함께, 나머지 문장들은 학생들 스스로 해보게 한다.

예) • It has been snowing since yesterday.
→ Has it been snowing since yesterday?
→ It has not been snowing since yesterday.
• The baby has been crying for one hour.
→ Has the baby crying for one hour?
→ The baby has not been crying for one hour.

단계 3: 언어 사용

1) 자신의 소지품에 대해 현재완료진행형으로 표현하기

- 교사는 학생들이 자신의 실제 경험을 바탕으로 문장을 만드는 기회를 준다. 물론 교사가 자신의 경험을 바탕으로 한 예를 먼저 보여준다.

예) T: (자신의 시계를 보여주며)
I bought my watch ten years ago and I'm still wearing it. I've been wearing this watch for 10 years. Now, tell me, how long have you been wearing your watch? (pause) S1?"
S1: I've been wearing this watch for one year.
T: Oh, you bought it last year. Do you like it?
S1: Yes!
T: How about you, S2? How long have you been wearing your watch?

S2: I've been wearing it for 10 months.

T: S3?

S3: *I have been wearing my watch for 2 years.*

2) 짝끼리 질문하고 답하기

- 짝끼리 상대방의 소지품(예: 책가방, 시계, 필통, 휴대폰, 등등)에 대해 얼마동안 사용해 왔는지에 대해 서로 질문하고 답하게 한다. 이 때 현재완료진행형을 사용하여 질문하고 답하는 것 외에 다른 구문들을 포함한 대화도 얼마든지 가능하다고 말해준다. 이 활동은 학생들로 하여금 가능하면 많이 언어 사용을 하게 만들기 위한 것이기 때문이다. 먼저 교사가 잘하는 학생 한 명과 시범을 보인다.

예) T: How long have you been using your pencil case?

S1: I have been using it for six months.

T: It looks new. How much was it?

S1: It was 3,000won.

T: Now, why don't you try with your partner?

3) 짝에 대해서 소개하기

- 위의 2) 단계에서 얻은 정보를 바탕으로 급우들에게 짝에 대해 소개한다.

예) S1: Su-mi has been using her phone for 2 years.

S2: Hee-joo has been using her school bag for 10 months.

S3: Min-seok has been living in his house for 5 years.

S4: Ha-young has been wearing her watch for 3 months.

4) 숙제

- 자신의 물건 세 가지를 선택하여 완료진행형을 사용하여 문장을 만들고 그 다음 수업 시간에 발표하게 한다.

19. 과거완료형과 과거완료진행형 (Past perfect simple & Past perfect continuous)

■ 과거완료형 (Past perfect simple)

단계 1: 문법 설명

1) 과거완료형은 'had + 과거분사'의 형태이며, 과거의 어느 시점을 기준으로 얘기할 때 쓰고 해석은 "~했었다."로 한다. 과거분사(past participle)란 규칙동사의 경우 일반 동사의 과거형과 같이 동사원형에 -ed를 붙인 형태이다. 하지만 불규칙 동사의 경우에는 단어마다 그 모양이 다르게 때문에 각각 익혀야 한다. (불규칙 동사의 예에 대해서는 <부록 A> 참조)

2) 과거완료형 문장을 의문문으로 고칠 때에는 조동사 had를 문두로 내면 된다.

예) • She <u>had</u> <u>finished</u> her work. (그녀는 자신의 일을 완성했었다.)
→ <u>Had</u> she finished her work?
• We <u>had</u> <u>paid</u> for the service right away.
(우리는 그 서비스에 대한 대가를 바로 지불했었다.)
→ <u>Had</u> wc paid for the service?

3) 과거완료형 문장을 부정문으로 고칠 때에는 조동사 had 뒤에 not을 붙이기만 하면 된다.

예) • She had finished her work.
→ She had not finished her homework.
(그녀는 숙제를 완성하지 않았다.)
• We had cleaned the classroom right away.
→ We had not cleaned the classroom right away.
(우리는 바로 교실 청소를 하지 않았다.)

4) 현재완료형과 마찬가지로 과거완료형에도 여러 가지 용법(완료, 경험, 계속, 결과)이 있다. 하지만 한국어로 해석을 할 때에는 그 차이가 잘 드러나지 않는 경우가 많다.

예) • I had finished my homework. (완료)
(나는 숙제를 완성했었다.)
- 과거의 어느 시점에서 볼 때 이미 숙제를 끝냈다는 뜻
• I had visited Korea. (경험)
(나는 한국을 방문한 적이 있었다.)
- 과거 어느 시점에서 볼 때 이미 방문 경험이 있었다는 뜻
• I had taught English for ten years. (계속)
(나는 10년 간 영어를 가르쳐왔었다.)
- 과거 어느 시점 이전부터 계속 가르치고 있었다는 뜻.
• He had lost my watch. (결과)
(나는 시계를 잃어버렸었다.)
- 그 결과 과거 어느 시점에 시계가 없었다는 뜻.

단계 2: 언어 연습

1) 주어진 빈칸 안의 동사를 과거완료형으로 고치기

- 화면에 빈 칸이 있는 문장을 띄워주고 개별 학생들을 지명하여 완성하여 읽게 한다. 그리고 정답을 다시 화면에 띄워주고 전체 학생들이 한 번 더 읽게 한다.

예) • Mary _____ ________ out of the country. (go)
(메리는 출국하였다.)
→ *Mary has gone out of the country.*

• My friends _____ ________ their bags at the airport. (lose)
(친구들이 공항에서 가방을 잃어버렸었다.)
→ *My friends have lost their bags at the airport.*

• He and she ______ _________ in the same school. (teach)
(그와 그녀는 같은 학교에서 가르쳤었다.)
→ *He and she have taught in the same school.*

• We _____ ________ for the child all day long. (look)
(우리는 그 아이를 하루 종일 찾았었다.)
→ *We have looked for the child all day long.*

2) 과거완료형의 용법 구분하기

- 화면에 다양한 용법의 과거완료형 문장들을 하나씩 제시하고 학생들로 하여금 전체적으로 또는 개별적으로 해석하고 용법을 말해보게 한다.

예) • We <u>had cleaned</u> the classroom. (완료)
(우리는 교실을 청소했었다. - 청소를 끝냈었다.)

• They had seen the lost child. (경험)
(그들은 잃어버린 아이를 보았었다. - 본 적 있었다.)
• It had rained for two hours. (계속)
(비가 두 시간 동안 내렸었다. - 그 때에도 비가 오고 있었다.)
• The strong wind had broken the window. (결과)
(강한 바람이 유리창을 깼었다. - 그 결과 유리창이 저렇다.)

3) 과거완료형을 의문문으로 고치기

- 개별 학생들로 하여금 각 문장을 고쳐서 말하게 한 뒤 전체 학생들이 한 번씩 각 문장을 읽을 기회를 준다.

예) • She had left the city. (그녀는 도시를 떠났었다.)
→ Had she left the city?
• We had received the letter. (우리는 그 편지를 받았었다.)
→ Had we received the letter?
• They had found their child. (그들은 아이를 찾았었다.)
→ Had they found their child?

4) 과거완료시제를 부정문으로 고치기

- 개별 학생들로 하여금 각 문장을 고쳐서 말하게 한 뒤 전체 학생들이 한 번씩 각 문장을 읽을 기회를 준다.

예) • I had finished my dinner.
→ I had not finished my dinner.
• You had sent an email to your friend.
→ You had not sent an email to your friend.
• He had met her for a long time.
→ He had not met her for a long time.

단계 3: 언어 사용

1) 자신의 경험에 대해 발표하기

- 교사가 과거완료형을 사용하여 자신의 경험에 대해 말하고 학생들로 하여금 그와 관련된 질문을 하고 교사는 그에 대한 답을 한다. 교사의 시범이 끝나면 개별 학생들로 하여금 자신의 경험에 대해 말할 수 있는지 물어본다. 만약 있으면 발표하게 하고 나머지 학생들로 하여금 질문 하게한다.

예) T: I had lost my bag in New York. Any questions?
S1: What did you have in your bag?
T: I had some money and my passport.
S2: So, what did you do?
T: I went to the police station and reported it.
S3: Did the police help you?
T: No. They tried but could not.

2) 숙제

- 과거 자신에게 일어났던 일에 대해 과거완료형 문장을 포함하여 글을 쓰고 다음 수업 시간에 발표하게 한다. 이 때 지나치게 과거완료형 문장을 강조하여 글 쓰는 데 제약을 할 필요는 없다. 과거완료형은 한 문장만 들어가면 된다고 말해준다. 숙제의 보기를 교사의 웹페이지에 올려준다.

예) 교사의 웹페이지에 올린 내용

I had lost my bag in New York. I had some money and my passport in the bag. Without the passport I could not travel anywhere. So, I went to the police station and reported it. The police tried to help me, but they could not. I had to have a new passport made. It was a terrible experience!

■ 과거완료진행형 (Past perfect continuous)

단계 1: 문법 설명

1) 과거완료진행형의 형태 및 의미

- 과거완료진행형은 과거 어느 시점을 기준으로 그 이전부터 시작한 일을 그 때에도 계속하고 있었다는 뜻이다. 형태는 'had + been + ~ing.'이다.

예) • I had been teaching English for six years in 1990.
(나는 1990년에 6년 동안 영어를 가르치고 있었다.)
• They had been seeing each other for 3 years.
(그들은 3년 동안 만나오고 있던 중이었다.)
• She had been visiting the family since their first meeting.
(그녀는 처음 만난 이후로 줄곧 그들을 방문해왔다.)

2) 과거완료진행형의 문장을 의문문으로 만들기

- 과거완료진행형의 문장을 의문문으로 만들기 위해서는 had를 문두로 내어 주기만 하면 된다. 또한 부정문으로 만들기 위해서는 had 뒤에 not을 넣어주변 된나.

예) • They splitted yesterday. (그들은 어제 헤어졌다.)
They had been seeing each other for three years.
(그들은 3년 동안 서로 만나왔었다.)
→ Had they been seeing each other for 10 years?
→ They had not been seeing each other for 10 years.

단계 2: 언어 연습

1) 그림을 이용하여 과거완료진행형 문장 만들기 연습을 한다.

	I visited her house. (나는 그녀의 집을 방문했다.) She had been talking on the phone at that time. (그녀는 그 때 통화 중이었다.)
	They couldn't go out. (그들은 외출할 수 없었다.) They had been doing the dishes all afternoon. (그들은 오후 내내 설거지를 하고 있었다.)
	She came to the meeting late. (그녀는 모임에 늦게 왔다.) She had been cleaning the house. (그녀는 집 청소를 하고 있었다.)
	I had to wake her up. (나는 그녀를 깨워야만 했다.) She had been sleeping whole day. (그녀는 종일 잠을 자고 있었다.)

2) 문장 만들기

- 따라 읽기 연습이 끝나고 나면 문장 만드는 연습도 필요하다. 이때 따라 읽기에 사용했던 그림을 그대로 사용해도 된다. 다만 이때는 문장은 보어주지 않고 그림만 제시하며 교사는 문징을 만드는 데 필요

한 핵심 부분만 말해준다. 우선 교사가 시범부터 보인다.

T: (위의 첫 번째 그림을 보여주며) “If I say, ‘for two hours’, then, you say ‘She had been talking on the phone for two hours.’ OK?”

Ss: OK!

	T: for two hours	Ss.: She had been talking on the phone for two hours.
	T: all afternoon	S1: They had been doing the dishes all afternoon.
	T: after lunch	S2: She had been cleaning the house after lunch.
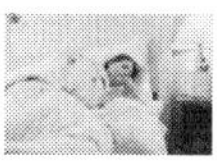	T: whole day	S3: She had been sleeping whole day.

단계 3: 언어 사용

1) 자신의 경험에 대해 얘기하기

- 교사가 먼저 시범을 보인다. 하지만 자신의 경험에 대해 당장 생각나지 않는 경우가 있으므로 교실에서 하기보다는 교사가 시범을 보인 후 숙제로 해오게 해서 그 다음 수업 시간에 발표하게 한다.

예) T: My computer broke down yesterday. I <u>had been</u> us<u>ing</u> it for seven years. I think I must get a new one.

2) 숙제: 과거완료진행형을 사용하여 자신의 문장 3개씩 만들어 와서 수업 시간에 발표하기

20. 미래형 (Future)

■ 조동사 will/shall

단계 1: 문법 설명

1) 장차 일어날 일에 대해서 얘기할 때 조동사 'will'을 쓴다.

예) • It will rain all day tomorrow. (내일 종일 비가 올 것이다.)
  • We will have a heavy snow today. (오늘 큰 눈이 올 것이다.)
  • The city will host the next Olympic games.
   (그 도시가 다음 올림픽 게임을 개최할 것이다.)

2) 조동사 'will'이 든 문장을 의문문으로 만들 때에는 조동사 'will'을 문두에 내면 된다. 하지만 뜻은 미래의 일에 대해 정말 몰라서 묻는 경우도 있지만, 상대방에게 부탁을 하기 위해 쓰이는 경우도 있다. 부탁을 하는 경우에는 주로 please와 함께 쓰여 'Will you please ~ ?'의 형태를 갖는 경우가 많다. (※ will 대신 would를 쓰면 보다 공손한 표현이 된다.)

예) • Will it rain all day tomorrow? (내일 하루 종일 비가 올까요?)
  • Will he attend the meeting? (그는 내일 회의에 참석할까요?)
  • Will you (please) open the window? (창문 좀 열어주래요?)
  • Will you (please) help me with it? (그것 좀 도와줄래요?)

3) 조동사 'will/shall'이 든 문장을 부정문으로 만들 때에는 조동사 will 뒤에 not을 붙인다.

예) • We will not have a heavy snow tomorrow.

(내일 많은 눈이 오지는 않을 것이다.)

• The typhoon will not hit this area.
(태풍이 이 지역을 강타하지 않을 것이다.)

• The store will not open next weekend.)
(그 상점은 다음 주말에 문을 열지 않을 것이다.)

4) 조동사 'will'은 미래의 일을 나타낼 때뿐만 아니라, 말하는 사람의 앞으로의 의지나 결심을 나타낼 때에도 사용한다. 음성 언어에서는 주로 축약형('ll)의 형태로 많이 쓰인다.

예) • I'll call him this afternoon. (오늘 오후에 그에게 전화하겠다.)
• I'll study hard for the final. (기말고사 공부를 열심히 하겠다.)

※ 'will + not'은 종종 축약하여 'won't'의 형태로 쓰인다. 'won't는 말하는 사람의 의지를 나타내는 경우도 있지만 누군가가 거절을 한다거나 또는 무엇인가가 안 된다는 뜻을 나타낼 때에도 쓰인다.

예) • I won't see him any more.
(나는 더 이상 그를 만나지 않을 것이다.)
• He won't attend the meeting.
(그는 회의에 참석하지 않을 것이다.)
• The machine won't start without gas.
(기름 없이는 기계가 작동하지 않을 것이다.)

※ 'shall'도 서술문에 쓰여서 말하는 사람의 의지를 나타내기는 하지만 매우 드물며 'shall'은 대부분 의문문에 쓰여 (Shall I ....? Shall we ...?) 상대방의 의지를 묻는 경우가 많다. 이 때 답에는 shall이 들어가지 않는 것이 보통이다.

예) • You <u>shall</u> marry him.

(너는 그와 결혼해야 된다. = <u>I will</u> make you marry him)

• He <u>shall</u> die. (나는 그를 죽이겠다. = <u>I will</u> kill him.)

• <u>Shall I</u> open the window? (창문을 열까요?)

= Do you want me to open the window?

→ Yes, you <u>shall</u>. (x) / No, you <u>shall not</u>. (x)

→ Yes, please. (o) / No, we don't need to. (o)

→ yes, thank you. (o) / No, we'd better not. (o)

단계 2: 언어 연습

1) 'will'을 사용하여 서술문 만들기

\- 그림을 보면서 제시된 핵심 어휘를 이용해 'will'이 들어가는 서술형 문장을 만들게 한다. 교사가 먼저 시범을 보인 후, 개별 학생들에게 먼저 지명하여 해보게 하고 끝난 뒤에는 전체 학생들이 함께 다시 하게 한다. 물론 각 문장의 뜻을 이해했는지도 알아보아야 한다.

	*(we, heavy snow, tomorrow)* T: We will have a heavy snow tomorrow.
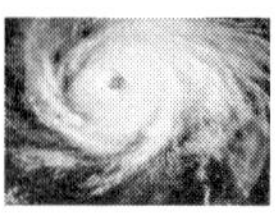	*(typhoon, hit this area)* Ss: The typhoon will hit this area.
	*(store, open, next week)* Ss: The store will open next week.
	*(yellow dust, arrive, this afternoon)* Ss: The yellow dust will arrive this afternoon.

2) 조동사 will이 들어가는 서술문을 의문문으로 고치고 답하기

- 앞 1)에서 사용한 그림과 서술문들을 이용하여 의문문 만드는 연습을 한다. 첫 문장은 교사가 시범을 보인다.

예) T: We will have a heavy snow tomorrow.
(내일 많은 눈이 올 것이다.)
→ Will we have a heavy snow tomorrow?
T: The typhoon will hit this area.
(태풍이 이곳을 강타할 것이다.)
Ss: Will the typhoon hit this area?
T: The store will open next weekend.
(그 상점은 다음 주에 문을 열 것이다.)
Ss: Will the store open next weekend?
T: The yellow dust will come this afternoon.
(오늘 오후 황사가 올 것이다.)
Ss: Will the yellow dust come this afternoon?

3) 조동사 will이 들어가는 서술문을 부정문으로 고치기

- 같은 예문들을 가지고 학생들을 두 그룹(A와 B)으로 나누어 한 그룹이 서술문을 말하면 다른 그룹은 부정문을 만든다. 예문 중 반을 하고 난 뒤 역할을 바꾼다.

예) A: We will have a heavy snow tomorrow.
B: We will not have a heavy snow tomorrow.
A: The typhoon will hit this area.
B: The typhoon will not hit this area. (Ss switch the roles.)
B: The store will open next weekend.
A: The store will not open next week.

B: The yellow dust will come this afternoon.
A: The yellow dust will not come this afternoon.

단계 3: 언어 사용

1) 자신의 경험이나 의지에 대하여 얘기하고 질문에 답하기

- 실제 자신의 결심이나 의지에 대해 긍정문이나 부정문으로 개별적으로 얘기하게 한다. 교사가 먼저 시범을 보인다. 학생의 얘기 내용에 관하여 교사나 학생들이 덧붙여서 질문을 함으로써 대화를 이어간다.

예) • T: Can anyone tell us what you will do or will not do? S1?
• S1: I will not play computer games every day.
T: Oh, that means you play computer games every day. How long do you play every day?
S1: Two hours.
T: Two hours every day? That's too much! Try to reduce the time. OK? Now, who else can tell us about what you will do or will not do?
• S2: I will not go to bed late.
T: Can anyone ask him a question?
• S3: When do you usually go to bed?
S2: I usually go to bed after midnight.
T: Any one else who can tell us about your decision?
• S4: I will save money for my mom's birthday.
S5: When is your mom's birthday?
S4: Next month. October the 5th.

S6: What do you want to buy for her?
S4: I want to buy a purse.
S7: How much money do you need?
S4: I need at least 30,000won.
S8: How much money do you have now?
S4: Only 5,000won.

2) 짝 활동 및 발표

- 위와 같은 형식으로 짝끼리 서로의 결심이나 의지에 대해 짝끼리 얘기 한다. 짝 활동이 끝나고 난 뒤에는 짝의 결심이나 의지에 대해 전체 학생들에게 그 내용을 전달할 기회를 준다.

예) S1: My partner S2 says she will not spend much time on computer games.
S3: My partner S4 says he will study harder for the next exam.
S5: My partner S6 says she will come to school early tomorrow morning.

■ be going to ~

단계 1: 문법 설명

1) 미래의 일을 나타낼 때 사용하는 'will' 대신에 'be going to ~'를 사용하기도 한다.

예) • We will have a heavy snow this year.
• We are going to have a heavy snow this year.
(금년에는 많은 눈이 올 것이다.)

2) 말하는 사람의 의지를 나타내는 조동사 'will'대신에도 'be going to ~'를 쓰기도 하는데, 한국말로 해석을 할 때에는 두 경우 모두 '~하겠다. ~할 것이다.'로 해석하지만 실제로는 약간의 의미 상 차이가 있다. 즉, 'will'은 말하는 그 시점에서 무언가를 하겠다고 결정하는 반면, 'be going to ~'는 말하기 전에 이미 결정된 상태를 나타낸다. 하지만 이러한 미묘한 차이까지는 학생들의 수준에 따라 설명하지 않고 그냥 넘어갈 필요도 있다.

예) A: We have a party tonight. I wonder if you have time.
B: Yes, I do. I'll come to the party.
(시간이 있다. 파티에 갈 거다.)→ 지금 결정한 사항임.
A: I am going to attend the party at Bill's. Are you coming, too?
(나는 빌의 집에서 있는 파티에 참석할 거다. 너도 올 거니?)
→ 말을 하기 전부터 참석하려고 마음먹고 있었음.

3) 현재 상태로 판단할 때 '~할 것이다'라고 말할 때는 'will'을 쓰지 않고 'be going to ~'를 쓴다.

예) • I have a headache now. I think I'm going to be sick.
(두통이 있는 걸 보니까 아플 것 같다는 뜻.)
• Look at the dark sky. I think we're going to have a rain.
(어두운 하늘을 보아하니 비가 올 것 같다는 뜻)
• Look at the bridge. I think it's going to fall down soon.
(다리 상태를 보아하니 곧 무너지겠다는 뜻)

4) 'be going to~'에서 be동사가 과거형일 때에는 의도는 했지만 하지 못한 일을 나타낸다.

예) • I was going to visit her, but something happened to me.
(나는 그녀를 방문하려고 했었으나 내게 무슨 일이 일어났다.)
• He was going to take the exam, but he had to give up.
(그는 그 시험을 치려고 했었으나 포기해야만 했다.)
• They were going to finish the work, but it was too much.
(그들은 그 일을 완성하려고 하였으나, 일이 너무 많았다.)
• We thought it was going to snow, but it didn't.
(우리는 눈이 오리라고 생각했었는데, 눈이 안 왔다.)

단계 2: 언어 연습

1) 문장 다시 말하기

- 'will' 대신 'be going to~'를 넣어서 문장을 바꾸는 연습을 한다.

예) • He will do his homework after dinner.
= He's going to do his homework after dinner.
(그는 저녁 식사 후에 숙제를 할 것이다.)
• We will stay here till this weekend.
= We're going to stay here till this weekend.
(우리는 이번 주말까지 여기에 머무를 것이다.)
• They will not attend the party tonight.
= They're not going to attend the party tonight.
(그들은 오늘 밤 파티에 참석하지 않을 것이다.)

2) 질문하고 답하기

-'be going to~' 문형의 서술문을 교사가 말하면 학생들이 의문문으로 바꾼다.

예) T: They're going to attend the meeting.
(그들은 그 모임에 참석할 것이다.)
Ss: Are they going to attend the party?
T: We're going to have a heavy rain tomorrow.
(우리는 내일 많은 비를 가질 것이다. = 내일 비가 많이 올 것이다.)
Ss: Are we going to have a heavy rain tomorrow?
T: The bridge is going to fall down soon.
(다리가 곧 무너질 것이다.)
Ss: Is the bridge going to fall down soon?

단계 3: 언어 사용

1) 교사와 학생들 간의 질문과 답하기

- 교사가 하는 질문에 학생들이 전체로 혹은 개인적으로 답을 한다. 이 때 문장을 'be going to~'에만 한정하지 않음으로써 대화를 계속 이어갈 수 있도록 하는 것이 언어 사용의 기회를 보다 많이 주는 것이다.

예) T: What are you going to do after school?
S1: I'm going to go home.
T: Where do you live?
S1: I live in xxx.
T: How do you go?
S1: I go by bus.
T: What number bus do you take?
S1: A number 77 bus.
T: How long does it take?

S1: About 40 minutes.
T: Wow, that's pretty far!

2) 짝끼리 묻고 답하기

(1) 교사가 화면으로 질문을 미리 제공하고 학생들은 짝끼리 질문을 바탕으로 서로 묻고 답하기를 하면서 대화를 이어간다. 끝나고 나서는 자신의 짝이 할 일에 대해 발표하게 할 것이라고 미리 말해줌으로써 학생들로 하여금 좀 더 집중해서 대화를 하도록 유도한다.

예) • What are you going to do after school today?
• What are you going to do this weekend?
• What are you going to do during the holiday break?

(2) 짝이 오늘 방과 후에 무엇을 할 것인지에 대해서 짝과의 대화를 한다. 일정 시간이 흐른 후에는 개인 학생들 몇 명으로 하여금 자신이 짝에게서 들은 내용을 급우들에게 소개한다.

예) • My partner Sumi is going to see her mom in front of the school gate. They are going to visit her grandma in the hospital.

■ 현재시제나 현재진행형으로 가까운 미래 나타내기

단계 1: 문법 설명

- 가까운 미래는 주동사 will 이나 be going to~ 대신 현재형이나 현재진행형으로도 나타낼 수 있다.

1) 현재형으로 가까운 미래에 대해 얘기하기

예) • I start my new job next week.
(나는 다음 주에 새 직장을 시작한다.)
• The movie starts in five minutes.
(5분 있으면 영화가 시작된다.)
• What time do you start your work tomorrow?
(내일 몇 시에 일을 시작합니까?)

2) 현재진행형으로 가까운 미래에 대해 얘기하기

예) • What are you doing tomorrow afternoon?
(내일 오후에 무얼 할 것입니까?)
• He is not coming back today.
(그는 오늘 돌아오지 않을 것입니다.)
• What time are they arriving tomorrow?
(그들은 내일 몇 시에 도착합니까?)

3) 하지만 움직임을 나타내는 동사와 함께 어떤 일을 막 하려고 할 때는 현재형보다는 현재진행형을 써야 한다.

예) • (지금 자러갑니다.)
I go to bed now. (x) → I'm going to bed now. (o)
• (기다리세요! 갑니다.)
Wait! I come. (x) → Wait! I'm coming. (o)
• (기다려주세요! 그들이 오고 있어요.)
Hold on, please! They come. (x)
→ Hold on, please! They're coming. (o)

단계 2: 언어 연습

- 현재형과 현재진행형으로 가까운 미래에 대해 묘사한 문장들을 교사가 제시하면 학생들은 두 그룹으로 나누어 각각 의문문과 부정문으로 바꾸기 연습을 한다.

예) T: The movie starts soon.
(영화가 곧 시작된다.)
G1: Does the movie start soon?
G2: The movie does not start soon.
T: He starts his new job next week.
(그는 다음 주에 새 일을 시작한다.)
G1: Does he start his new job next week?
G2: He does not start his new job next week.

단계 3: 언어 사용

- 각자 가까운 미래에 할 일 또는 일어날 일에 대해 현재형과 현재진행형으로 소개하도록 한다. 교사가 먼저 시범을 보인다.

예) T: I go to the United States this winter.
S1: School is over after an hour.
S2: The final exam starts next week.
S3: The baseball game starts at 6:00 this evening.
T: I am going to my mom's house this evening.
S4: My dad is coming back from Seoul tomorrow.
S5: My mom is going to the hospital tomorrow.

21. 미래진행형과 미래완료형 (Future continuous vs Future perfect)

■ 미래진행형

단계 1: 문법 설명

1) 미래 시점에서 진행되고 있을 일을 기술할 때 쓰며, 'will be ~ing'의 형태이며, 'will be in the middle of ~ing'(~하는 중일 것이다)의 뜻이다.

예) • Everyone will be watching the game this evening.
(오늘 저녁에 모든 사람들이 그 게임을 보고 있게 될 것이다.)
• I'll be working in my office at that time.
(나는 그 시각에 사무실에서 일을 하고 있게 될 것이다.)
• She'll be swimming in the pool tomorrow morning.
(그녀는 내일 아침에 풀장에서 수영을 하고 있게 될 것이다.)

2) 'will be ~ing'는 미래에 완료될 행위에 대해 얘기할 때 사용되기도 한다. 이 경우에는 '(be) going to~'과 유사한 뜻이다.

예) • Will you be going away during the vacation?
(방학 동안 어디 가실 겁니까?)
• He won't be playing in the game this weekend.
(그는 이번 주말에 게임에 뛰지 못할 것이다.)
• I'll be talking to him after the class.
(나는 수업 후 그와 얘기할 것이다.)

단계 2: 언어 연습

- 교사가 그림을 보여주고 현재 시제로 된 기본 문상을 말해 주면 학생들은 미래진행형으로 고쳐서 말한다. 첫 문장은 교사가 시범을 보이고 전체 학생들로 하여금 따라하게 하고 나머지 문장들은 지명하여 개별적으로 하게 한다. 또는 첫 문장만 교사가 시범을 보인 후, 나머지는 지명한 개인 학생들로 하여금 기본 문장을 읽게 하고 나머지 전체 학생들로 하여금 미래진행형으로 고쳐서 말하게 하는 방법도 있다. 어쨌든 중요한 것은 학생들이 문장의 뜻을 제대로 이해하고 연습에 들어가야 한다는 것이다.

예)

	T: He meets his friends. Ss: He'll be meeting his friends at that time. (그 때 그는 친구들을 만나고 있을 것이다.)
	T: They drinks coffee. S1: They'll be drinking coffee at that time. (그 때 그들은 커피를 마시고 있을 것이다.)
	T: I do the dishes. S2: I'll be doing the dishes at that time. (그 때 나는 설거지를 하고 잇을 것이다.
	T: She makes dinner. S3: She'll be making dinner at that time. (그 때 그녀는 저녁을 준비하고 있을 것이다.)

단계 3: 언어 사용

1) 교사의 질문에 답하기

- 오늘 방과 후나 이번 주말 등에 무엇을 하고 있을 것인지에 대해 교사가 개인 학생들 몇 명에게 질문을 하고 답하게 한다.

예) T: What will you be doing after school today?
S1: I'll be cleaning the classroom with my classmates.
T: What will you be doing at 11:00 tonight?
S2: I'll be doing my homework or watching TV.
T: What will you be doing this weekend?
S3: I'll be staying at home helping my mom.

2) 짝끼리 대화하고 발표하기

- 위에서 교사가 한 것처럼 짝과 함께 서로에게 질문하고 답한 뒤 짝에 대해 전체 학생들에게 발표하게 한다. 이 때 무엇에 대해 질문할 것인가에 대해 학생들이 너무 막연하게 생각할 수도 있으므로, 질문의 내용을 위에서 교사가 물었던 내용으로 해도 된다고 말해준다. 또한 가능한 많은 학생들에게 발표 기회를 주기 위하여 발표 문장을 한 문장 씩 한정시키는 것도 좋다.

예) S1: My partner Songhee will be sleeping at 11:00 tonight.
S2: My partner Junho will be meeting his friends after school today.
S3: My partner Jungmee will be shopping with her mom this weekend.
S4: My partner Changmin will be staying at home this weekend.

■ 미래완료형

단계 1: 문법 설명

1) 미래완료형은 미래의 어느 시점에서 볼 때 이미 완료된 일을 기술할 때 쓴다. 형태는 'will have + ~ed (과거분사)'이다.

예) • He'll have finished his work by the time.
(그 시각까지 그는 자기 일을 완성했을 것이다.)
• They'll have arrived in New York tomorrow morning.
(내일 아침이면 그들은 뉴욕에 도착했을 것이다.)
• She'll have studied for 5 hours before dinner.
(저녁 식사 전에 그녀는 5시간을 공부한 셈이 된다.)

2) 의문문을 만들 때에는 조동사 will을 문두에 쓴다.

예) • Will he have finished his work by the time?
• Will they have arrived in New York tomorrow morning?
• Will she have studied for 5 hours before dinner?

3) 부정문을 만들 때에는 조동사 will 뒤에 not을 쓴다. 또한 will not의 축약형 won't를 쓰기도 한다.

예) • He will not have finished his work by that time.
(=won't)
• They will not have arrived in New York tomorrow morning.
(=won't)
• She will not have studied for 5 hours before dinner.
(=won't)

단계 2: 언어 연습

1) 교사가 그림과 함께 어휘를 보여주면 학생들은 미래 완료형으로 문장을 만든다. 첫 문장은 교사가 시범을 보이고 나머지 문장들은 학생들이 해보게 한다.

	*(study in the library, for the whole day)* Ss: She'll have studied in the library for the whole day. (그녀는 온 종일 도서관에서 공부했을 것이다.)
	*(finish repairing the car, by that time)* S1: He'll have finished repairing the car by that time. (그 시각까지는 그가 차 수리를 끝냈을 것이다.)
	*(enjoy the beach, before dinner)* S2: They'll have enjoyed the beach before dinner. (그들은 저녁 식전에 바닷가에서 즐겼을 것이다.)
	*(play computer games, for two hours)* S3: She'll have played computer games for two hours. (그녀는 두 시간 동안 컴퓨터 게임을 했을 것이다.)

2) 의문문 만들기

- 위 1)의 서술문들을 이용하여 의문문 만드는 연습을 한다.

예) • Will she have studied in the library for the whole day?
• Will he have finished repairing the car by that time?
• Will they have enjoyed the beach before dinner?
• Will she have played computer games for two hours.

3) 부정문 만들기

- 위 1)의 서술문들을 이용하여 부정문 만드는 연습을 한다.

예) She will not have studied in the library for the whole day.
He will not have finished repairing the car by that time.
They will not have enjoyed the beach before dinner.
She will not have played computer games for two hours.

단계 3: 언어 사용

1) 개별 질문과 답하기

- 교사가 먼저 시범을 보인 뒤. 학생 개인으로 하여금 미래완료형 구문을 이용하여 자신의 문장을 만들게 한다. 스스로 해보겠다는 지원자(volunteer)가 없을 경우, 학생들의 문장을 유도하기 위해 교사가 질문을 던지고 난 뒤 학생들이 생각할 시간적 간격을 약간 두고 개별적으로 지명을 할 수도 있다.

예) T: I plan to visit my family in the U.S. this winter. I'll have left the country by December.
Now, can anyone tell us about what you'll have done before dinner tonight? (pause) S1?
S1: I'll have finished doing my homework before dinner tonight.
T: Do you have a lot of homework?
S1: Yes, I do.
T: What kind of homework?
S1: Math and Science.

2) 짝끼리 묻고 답하기

- 교사가 질문 내용을 제공하고 학생들은 위의 예시에서처럼 서로 묻고 답한다. 이 때 지나치게 미래완료형에만 집착하지 말고 대화를 한다.

예) < Q: What will you have done by next January? >

T: I will have come back to Korea from the U.S.A.

S1: I'll have sent the Christmas cards to my friends.

S2: I'll have finished my computer class.

S3: I'll have visited my grandmother.

S4: I'll have learned how to make Kimchi.

3) 발표하기

- 위의 2) 활동에서 짝에 대해 알게 된 정보를 급우들에게 발표하게 한다.

예) S1: S2 will have finished her computer class by the end of this month.

S2: S1 will have sent her Christmas cards to her friends by next week.

S3: S4 will have learned how to make Kinchi by the end of the winter vacation.

S4: S3 will have visited his grandmother before the new semester starts.

22. 관계절 (Relative clauses)

- 관계절이란 두 문장이 관계사에 의하여 한 문장으로 연결된 것을 말한다. 관계사에는 관계대명사(relative pronouns)와 관계부사(relative adverbs)가 있다. 이 때 관계절 앞에 쓰여서 관계절의 수식을 받는 명사를 '선행사'라고 한다. 관계대명사의 경우, 선행사는 사람일 수도 있고 사물일 수도 있다. 선행사가 사람이냐 사물이냐에 따라 삽입되는 관계대명사가 다를 수 있다. 관계부사는 선행사가 때(시각)를 나타낼 때는 'when', 장소를 나타낼 때는 'where', 방법을 나타낼 때는 'how', 이유를 나타낼 때는 'why'를 사용한다.

■ 관계대명사 (Relative pronouns)

단계 1: 문법 설명

1) '관계대명사'는 공통되는 부분이 있는 두 문장을 연결해서 하나의 문장으로 만들 때 사용된다. 이 때 관계대명사로 연결되는 문장을 '관계절'이라고 하며, 관계대명사 바로 앞에 있는 명사(구)를 '선행사'라고 한다. 선행사는 두 문장의 공통되는 부분이며, 사람일 수도 있고 사물일 수도 있다.

2) 선행사가 사람이고 뒤따르는 관계절의 주어 역할을 할 때에는 주격 who를, 소유격 역할을 할 때에는 소유격 whose를, 목적어 역할을 할 때에는 목적격 who(m)을 쓴다.

예) • I know the girl. She went shopping with her brother.
주어 ※ --가, 은, 는: 주격

→ I know the girl who went shopping with her brother.
주격
(나는 자기 오빠랑 쇼핑 간 그 소녀를 안다.)

• I know the girl. Her mother is a singer.
소유격 ※ ~의: 소유격

→ I know the girl whose mother is a singer.
소유격
(나는 엄마가 가수인 그 소녀를 안다.)

• I know the girl. You met the girl in the party.
목적어

→ I know the girl who(m) you met in the party.
(나는 네가 파티에서 만난 그 소녀를 안다.)

3) 선행사가 사물이고 그 선행사가 뒤따르는 관계절의 주어 역할을 할 때에는 주격 which를, 소유격 역할을 할 때에는 of which 또는 whose를, 목적어 역할을 할 때에는 which를 쓴다.

예) • He bought a car. The car was made ten years ago.
주어 ※ ~가, 은, 는: 주격

→ He bought a car which was made ten years ago.
주격
(그는 10년 전에 만들어진 차를 샀다.)

• He fixed the table. The legs of the table are broken.
소유격 ※ ~의: 소유격

→ He fixed the table the legs of which are broken.
소유격
(그는 다리가 부러진 테이블을 고쳤다.)

= He fixed the table of which the legs are broken.
소유격

= He fixed his table whose legs are broken.
소유격

※ 소유격 of which의 위치는 해당 명사(구) 앞에 쓰일 수도 있고 뒤

에 쓰일 수도 있다.

※ 소유격 whose 다음에는 the를 쓰지 않고 생략한다. 하지만 of which를 쓸 경우에는 the를 생략하지 않는다.

예) whose the legs (x) → whose legs (o)
of which legs (x) → of which the legs (o)
legs of which (x) → the legs of which (o)

• I know the girl. You met the girl in the party.
선행사(사람) 목적어
→ I know thc girl who(m) you met in the party.
목적격
(나는 네가 파티에서 만난 그 소녀를 안다.)

• I bought the book. You borrowed the book from the library.
선행사(사물) 목적어
→ I bought the book which you borrowed from the library.
목적격
(나는 네가 도서관에서 빌린 그 책을 샀다.)

4) 관계대명사(주격) 다음에 'be동사 + 분사(현재분사 or 과거분사)'가 나올 때에는 관계대명사와 be동사를 함께 생략할 수 있다.

예) • I know the man. + The man is working in the restaurant.
→ I know the man (who is) working in the restaurant.
현재분사 (~하고 있는)
= I know the man working in the restaurant.
(나는 그 레스토랑에서 일하는 남자를 안다.)

• I met the girl. + The girl was injured in the car accident.
→ I met the girl (who was) injured in the car accident.
과거분사 (~된)
= I met the girl injured in the car accident.
(나는 그 차 사고에서 다친 소녀를 만났다.)

5) 관계대명사가 있는 문장을 해석할 때는 뒤의 문장을 먼저 해석하여 앞의 선행사를 수식하는 형태로 한다.

예) I like a man. + The man does his best in everything.
주어
→ I like a man who does his best in everything.
주격
(나는 매사에 최선을 다 하는 남자가 좋다.)

6) 관계대명사의 종류와 쓰임새를 요약하면 다음과 같다.

관계대명사 \ 선행사	사람	사물
주격	who	which
소유격	whose	whose (=of which)
목적격	who(m)	which

7) 선행사가 사람이든 사물이든 관계없이 목적격으로 사용된 관계대명사는 생략할 수 있으며, 'that'으로 바꾸어 쓸 수 있다. 하지만 바로 앞에 전치사가 있을 때는 관계대명사를 생략할 수도 없고 that을 대신 사용할 수도 없다. 단, 전치사를 뒤로 가져갈 때에는 관계대명사를 생략할 수도 있고, that을 대신 쓸 수도 있다.

예) • The woman is from Canada. You were talking to her.
목적어
→ The woman (who(m)) your were talking to is from Canada. (o)
목적격 전치사
(당신이 얘기하고 있던 그 여자는 캐나다 출신이다.)
= The woman to who(m) your were talking is from Canada.(o)
전치사 + 목적격

= The woman (that) your were talking to is from Canada. (o)
The woman to that your were talking is from Canada. (x)

• I left the bookstore. I bought a book in the bookstore.
→ I left the bookstore in which I bought a book. (o)
(나는 내가 책을 산 그 상점을 떠났다.)
= I left the bookstore (which) I bought a book in. (o)
= I left the bookstore (that) I bought a book in. (o)
I left the bookstore in that I bought a book. (x)

8) 관계대명사의 한정적 용법과 계속적 용법

- 관계대명사 이하의 관계절이 앞에 있는 선행사를 한정할 경우를 관계대명사의 한정적 용법이라고 한다. 이때의 문장 해석은 관계절을 해석하여 앞의 선행사를 수식하는 방식으로 한다. 반면에 계속적 용법은 관계대명사 앞에 콤마(,)가 있으며, 해석은 앞에서부터 계속해서 나아가는 방식으로 한다.

■ 관계대명사의 한정적 용법

예) • This is the book which I bought at the bookstore.
(이것이 어제 내가 그 서점에서 샀던 책이다.)
※ which 이하의 관계절은 앞의 선행사 the book을 수식한다.
• This is the student who I was talking about.
(얘가 내가 얘기하던 그 학생이다.)
※ who 이하의 관계절은 앞의 선행사 the student를 수식한다.

■ 관계대명사의 계속적 용법

예) • He sold the big house, which I bought last year.
(그는 그 큰 집을 팔았는데, 그 집을 내가 작년에 샀다.)
• Everybody likes the singer, who died last week.
(모두가 그 가수를 좋아하는데, 그 가수가 지난 주 죽었다.)

단계 2: 언어 연습

1) 관계대명사를 사용하여 두 문장을 연결하는 연습을 한다. 교사가 먼저 시범을 보인다. 예문들은 화면에 띄워준다.

예) • I know the man + The man came here yesterday.
→ I know the man who came here yesterday.
(나는 어제 이곳에 온 그 남자를 안다.)
※ 두 문장을 한 문장으로 연결하면서 무엇이 없어지고 who가 들어갔는지, 선행사는 어느 것인지 물어본다.
• I know the girl. + She won the first prize in the contest.
→ I know the girl who won the first prize in the contest.
(나는 그 대회에서 1등상을 탄 소녀를 안다.)
• She is the woman. + You met her on the street.
→ She is the woman who(m) you met on the street.
(그녀는 네가 길에서 만난 그 여자이다.)
• This is the boy. + I got the information from the boy.
→ This is the boy from whom I got the information.
(= This is the boy who I got the information from.)
(얘가 내가 정보를 얻은 그 소년이다.)

2) 관계대명사 주격을 사용하여 문장 만들기 연습

- 몇 가지 예문으로 관계절 만드는 연습을 한다. 문장들을 화면에 띄워주고 전체 학생들이나 개별 학생들에게 각각의 답을 해보게 한다. 그리고 끝난 뒤에는 전체적으로 함께 연습을 시킨다.

예) • This is the boy. He won the first prize in the contest.
→ *This is the boy who won the first prize in the contest.*

• I have a friend. She can play the guitar very well.
→ *I have a friend who can play the guitar very well.*

• Do you know the man? He asked me her address.
→ *Do you know the man who asked me her address?*

• Tell me about the boy. He helped us in the accident.
→ *Tell me about the boy who helped us in the accident.*

• I met the girl. My brother is going to marry her.
→ *I met the girl who(m) my brother is going to marry.*

• I talked to the girl. You danced with the girl at the party.
→ *I talked to the girl with whom you danced at the party.*
= *I talked to the girl who(m) you danced with at the party.*

3) 생략 가능한 관계대명사 찾기

화면에 띄워준 위 2)의 예문들 중에서 관계대명사를 생략할 수 있는 문장들을 말해보라고 한다. 개별 지원자를 활용하거나 지명을 하여 개별적으로 시킨 다음에, 해당 문장을 하나씩 짚어가며 전체 학생들에게 관계대명사를 넣었을 경우와 생략했을 경우의 문장들을 읽어보게 한다.

단계 3: 언어 사용

1) 실생활 경험에 대해 묻고 답하기

- 교사가 구두로 관계대명사 주격이 든 문장으로 질문하고 학생들은 답을 한다. 먼저 전체 학생을 대상으로, 다음에는 개별적으로 몇 명의 학생들을 지명하여 질문을 한다.

예) T: Do you like a teacher who gives you much homework?
Ss.: No!
T: Do you like a friend who is mean to you? *mean: 비열한
Ss.: No!
T: Do you want to be a person who has a lot of money?
Ss.: Yes!
T: Do you want to be a student who can speak English well?
Ss: Yes!
T: S1, Tell me the name of your classmate who came to school first this morning.
S1: Sorry, I don't know.
T: Oh, no problem. That's all right.
(To the class) Who came to school first this morning?
S2: Me. (raises her/his hand)
T: Oh, you did! What time did you come? Do you remember?
S2: Yes, around 7:20.
T: Wow! That's early!

2) 좋아하는 사람이나 싫어하는 사람에 대해 말하기

- 개별 학생별로 자신이 좋아하거나 싫어하는 사람에 대해서 관계대명사를 사용하여 얘기하게 한다. 교사가 먼저 시범을 보인다. 이 때

개별 학생들이 말하는 문장이 약간 어색하거나 다른 학생들에게 이해가 어렵다고 판단되면 교사가 다시 완전한 문장으로 한 번 더 말해주고, 뜻도 알려주어야 한다.

예) T: I like people who keep their environment clean.
I don't like people who throw their trash anywhere.
S1: I like people who keep the time.
I don't like people who make noise.
S2: I like people who help other people.
I don't like people who bothers other people.
S3: I like people who are friendly.
I don't like people who are mean to other people.

▪ 관계부사 (Relative adverbs)

단계 1: 문법 설명

1) '관계대명사'와 마찬가지로 '관계부사'도 공통되는 부분이 있는 두 문장을 연결해서 하나의 문장으로 만들 때 사용된다. 이 때 관계대명사나 관계부사로 연결되는 문장을 '관계절'이라고 한다.

2) 관계부사의 앞에 위치하고 있는 선행사가 무엇이냐에 따라서 관계부사의 종류가 달라지는데, 선행사가 때(날짜, 요일, 시각 등)일 때는 'when', 장소(place)일 때는 'where', 방법(way)일 때는 'how', 이유(reason)일 때는 'why'를 쓴다.

예) • It was on his birthday. The accident occurred that day.
→ It was on his birthday when the accident occurred. (때)
(그 사고가 일어난 것은 그의 생일날이었다)

• He sold the house where he lived with his parents. (장소)
(그는 부모님과 함께 살던 집을 팔았다.)
• I know the way how he got into the house. (방법)
(나는 그가 집에 들어 온 방법을 안다.)
• She doesn't know the reason why he left her. (이유)
(그녀는 그가 떠난 이유를 모른다.)

3) 관계부사는 '전치사 + 명사(구)'의 역할을 한다. 따라서 관계부사는 '전치사 + 관계대명사(which)'로 바꾸어 쓸 수도 있다.

예) • I don't remember the day. + They arrived on the day.
선행사(때) 전치사 + 명사구
→ I don't remember the day when they arrived.
(= on which)
(나는 그들이 도착한 날을 기억하지 못한다.)
• We are looking for the place + They may live in the place.
선행사(장소) 전치사 + 명사구
→ We are looking for the place where they may live.
(= in which)
(우리는 그들이 살만한 곳을 찾고 있다.)
• There are many ways. + They can get there in many ways.
선행사(방법) 전치사 + 명사구
→ There are many ways how they can get there.
(= in which)
(그들이 그곳에 갈 수 있는 많은 방법이 있다.)
• I don't know the reason. + They are upset for the reason.
선행사(이유) 전치사 + 명사구
→ I don't know the reason why they are upset.
(= for which)
(나는 그들이 화가 난 이유를 모른다.)

※ 전치사는 뒤에 반드시 목적어를 가지는데, 목적어로 쓰일 수 있는 것은 명사 또는 명사 역할을 할 수 있는 것들(명사구, 동명사 등)이다. '명사구'란 명사와 그와 함께 쓰인 관사, 형용사들을 모두 포함하여 일컫는 말이다. 'the boy', 'the tall student', 'many different ways' 등이 그 예들이다.

4) 관계부사는 생략하는 경우가 없다. 하지만 겉으로 볼 때 선행사를 생략한 것 같은 경우는 있다. 하지만 이는 선행사를 생략한 것으로 보기 보다는 의문사가 들어가는 의문문이 연결된 것으로 보는 것이 맞다.

예) • I don't understand the reason. He left her for the reason.
→ I don't understand the reason why he left her.
I don't understand the reason he left her. (x)
I don't understand why he left her. (o)
(I don't understand. + Why did he leave her?)
• I want to learn the way. He became rich in the way.
→ I want to learn the way how he became rich.
I want to learn the way he became rich. (x)
I want to learn how he became rich. (o)
(I want to learn. How did he become rich?)

5) 관계부사의 한정적 용법과 계속적 용법

- 관계대명사의 경우와 마찬가지로, 관계부사 이하의 관계절이 앞에 있는 선행사를 한정할 경우 이를 관계부사의 한정적 용법이라고 한다. 이때의 문장 해석은 관계절을 해석하여 앞의 선행사를 수식하는 방식으로 한다. 반면에, 관계부사의 계속적 용법은 관계부사 앞에 콤

마가 있는 경우이며, where이나 when에만 사용되며, why나 how는 계속적 용법이 없다. 계속적 용법으로 쓰인 관계부사도 해석은 앞에서부터 뒤로 계속해서 나아가는 방식으로 한다.

■ 관계부사의 한정적 용법

예) • We all miss the old days when everyone was happy.
(모든 사람이 행복했던 옛날을 우리 모두 그리워한다.)
• I don't know the reason why he left her.
(나는 그가 그녀를 떠난 이유를 모른다.)
• I sold the house where I lived for 20 years.
(나는 내가 20년 살았던 그 집을 팔았다.)

■ 관계부사의 계속적 용법

예) • I met him at a book store, where he asked me for help.
(나는 그를 책방에서 만났는데, 거기서 그는 내게 도움을 청했다.)
• It was in winter, when they lost their only son.
(겨울이었는데, 그때 그들은 외아들을 잃어버렸다.)

단계 2: 언어 연습

1) 관계부사를 이용하여 문장 연결하기

- 연결할 문장들을 화면에 띄워주고, 전체 학생들로 하여금 또는 몇몇 학생들을 지명하여 문장을 만들어 보게 한다. 그리고 한 문장씩 바로 답을 띄워준다.

예) • There is a reason. + You have to leave for the reason.

→ *There is a reason why you have to leave.*

• This is the house. She used to live in the house.

→ *This is the house where she used to live.*

• You must remember the time. The plane leaves at that time.

→ *You must remember the time when the plane leaves.*

2) 문장 읽기 연습

- 위에서 완성된 문장들을 한 문장씩 답을 띄워 줄 때마다 전체 학생들이 함께 그 문장을 읽을 기회를 주는 것이 좋다. 이는 가능하면 많은 학생들에게 문장을 연습할 기회를 주기 위한 것이다. 일단 전체 학생들에게 읽기 기회를 준 뒤에 개별 학생들을 지명하여 이해도를 체크하는 것도 필요하다. 수업 발표를 관찰해 보면 적지 않은 교사들이 문법 설명만 장황하게 하고 막상 학생들이 목표 구문을 익히도록 연습하는 기회를 주지 않는 경우가 많다. 다음 단계인 언어 사용은 충분한 언어 연습을 거친 후에야 제대로 할 수 있다는 점을 기억할 필요가 있다.

단계 3: 언어 사용

1) 자신의 문장 만들기

- 학생들로 하여금 위에서 배운 것을 바탕으로 자신의 문장을 만들어 볼 기회를 갖게 한다. 이 때 잘하는 학생들의 경우가 아니면 문장을 쉽게 만들지 못하는 경우가 많으므로, 지원자에게 기회를 주거나 또는 잘하는 학생들 몇 명을 지명하여 해 보게 할 수도 있고, 그렇지 않으면 숙제로 내어서 그 다음 수업 시간에 발표하게 하는 것도 좋

다. 하지만 숙제만 내고 그냥 넘어가는 것보다는 교사가 자신의 문장을 만들어 들려주는 것이 좋다. 이는 비록 학생들이 스스로 말하지는 못하더라도 다른 사람이 하는 말을 듣는 기회라도 갖게 하기 위함이다.

예) T: You have a homework today. I know you guys don't like homework. But there is a reason <u>why</u> I should give you a homework today.

2) 숙제: 관계부사의 한정적 용법과 계속적 용법을 이용하여 자신의 문장을 각각 3개씩 만들어 와서 다음 수업 시간에 발표하게 한다.

23. 조건절 (If ~)

단계 1: 문법 설명

1) 조건절 'If ~,'는 '(만약) ~하면'으로 해석한다. 내용적으로는 앞으로 있을 수 있는 일에 대한 것이지만, 동사는 미래형을 쓰지 않고 현재로 쓴다.

예) • <u>If</u> you study hard, you will get a good score.
(만약 네가 열심히 공부하면 좋은 점수를 받을 수 있을 것이다.)
• If it rains tomorrow, we cannot go on a picnic.
(만약 내일 비가 오면 우리는 소풍을 갈 수 없다.)

2) 조건절 'If ~ , ~. '와 가정법과거 'If ~ , ~. '와의 차이

- 조건절(If ~, ~.)과 나중에 소개할 가정법과거(If ~, ~.)는 두 경우 모두 '만약 ~하면 ~하겠다.'로 해석을 하기 때문에 혼돈스러울 수 있겠지만 그 차이는 분명하다. 조건절이 가정법과거와 다른 점은 다음과 같다.

첫째, 조건절에서는 앞으로 일어날 가능성이 있는 일에 대해 얘기하는 것이지만, 가정법과거에서는 현재 불가능한 일을 만약 일어난다고 가정한다면 어떻게 할 것이라고 가정한다는 점이 다르다.

둘째, 동사의 형태가 다르다. 조건절에서는 동사의 현재형이 쓰이지만, 현재 사실의 반대를 가정하는 가정법과거에서는 동사의 과거형이 쓰인다. (가정법과거에 사용되는 동사의 형태에 대해서는 나중에 보다 상세히 설명할 것임.)

예) 〈조건절〉 - 앞으로 있을 수 있는 일에 대해

- If I find your key, I will call you.
  (만약 내가 너의 열쇠를 찾으면 너에게 전화해줄게.)
  - 열쇠를 찾을 가능성도 있음.

〈가정법 과거〉 - 현재 사실과는 반대로 가정

- If I had more money, I would buy him a present.
  (만약 내가 돈이 더 있다면 그에게 선물을 하나 사줄 텐데.)
  - 현재 나는 돈이 더 없어서 그에게 선물을 못 사준다는 뜻.

단계 2: 언어 연습

1) 문장 해석하기

- 교사가 조건절 문장들을 화면에 띄워주고 난 뒤, 첫 문장은 교사가 전체 학생들과 함께, 그리고 다음 문장들은 개별 학생들을 지명하여

읽고 해석해 보게 한다. 해석이 모두 끝나고 난 뒤에는 전체 학생들로 하여금 교사를 따라 각 문장을 읽게 한다.

예) • If I see her on my way, I'll give her your number.
만약 가는 길에 그녀를 만나면 네 전화번호를 알려주겠다.

• If you don't study hard, you won't pass the exam.
만약 열심히 공부하지 않으면 너는 시험에 합격할 수 없을 것이다.

• If you can't come to the meeting, please call me.
만약 회의에 올 수 없으면 전화해주세요.

• If your computer doesn't work, call the service center.
만약 컴퓨터가 작동 안하면 서비스 센터로 전화하세요.

2) 문장 순서 바로하기

- 학생들로 하여금 뒤섞인 단어들의 순서를 바로 하여 조건절 문장으로 만들게 한다. 첫 문장은 교사가 전체 학생들과 함께 만들고, 나머지 문장들은 학생들이 스스로 만들어보게 한 다음, 개별 학생들을 지명하여 말해보게 한다. 지명당한 개별 학생이 문장을 말하고 난 뒤에는 반드시 답을 바로 띄워주고 전체 학생들이 함께 그 문장을 읽게 한다. 이 때 여러 개의 문장을 한꺼번에 읽게 하기보다는 한 문장씩 읽게 하는 것이 보다 효과적이다. 이 때 학생들이 읽는 데 어려움을 느끼는 문장이 있으면 교사가 다시 따라 읽혀야 한다.

예) • (attend you call , If the me you cannot meeting . must)

→ If you cannot attend the meeting, you must call me.

• (I return , If upset home . late my mom will be)

→ If I return home late, my mom will be upset.

• (rains it picnic I , If will . tomorrow cancel the)

→ If it rains tomorrow, I will cancel the picnic.

• (her in If her I . will message give to see the party , I the)

→ If I see her in the party, I will give her the message.

단계 3: 언어 사용

1) 상황에 대처하기

- 교사가 학생들에게 있을 수 있는 상황 제시하고, 각자 나름대로 그런 상황에서 어떻게 대처하겠는지 말해보게 한다. 교사가 먼저 예를 든다.

예) [Situation 1]

T: When you return home from school, nobody is at home and you can't find your key. What will you do? Make a sentence, using *if*. Let me give you an example.

T: If I can't find my key, I will go to the office and ask for help.

S1: If I can't find my key, ____________________

S2: If I can't find my key, ____________________

S3: If I can't find my key, ____________________

예) [Situation 2]

T: When you see students fighting in the classroom, what will you do? Let me give you an example.

T: If I see students fighting in the classroom, I will report it to the teacher.

S1: If I see students fighting in the classroom, __________

S2: If I see students fighting in the classroom, __________

S3: If I see students fighting in the classroom, __________

2) 조건절로 문장 만들어 와서 발표하기

- 교사는 학생들에게 있을 수 있는 상황을 묘사한 if절 몇 개를 주고 각자 그 경우에 어떻게 하겠는지에 대해 발표하게 한다. 만약 수업 시간에 바로 발표할 수 있는 학생들이 별로 없는 경우에는 숙제로 한다.

예) • If I get up late in the morning, ______________________.
• If I feel too sleepy in class, _________________________.
• If I need to go to the bathroom so bad during the class, ____.

※ so bad: 대단히, 정말로

24. 가정법 (Subjunctives)

■ 가정법 과거

단계 1: 문법 설명

1) 사실을 묘사하는 것을 직설법이라고 하며, 사실과는 반대를 가정하는 것을 가정법이라고 한다. 가정법 중에서도 '가정법 과거'란 현재 사실의 반대를 가정할 때 사용한다. 형태는 'If ~ + 동사의 과거형 ~, ~ would ~.'이다.

2) 동사의 시제가 과거형이기 때문에 '가정법 과거'라고 한다. 하지만 현재 사실의 반대를 가정하기 때문에 해석은 현재로 해야 한다. 직설법으로 고칠 때에도 현재 시제로 한다.

예) • If I3 had enough money, I would buy a car. (가정법 과거)
(만약 나에게 돈이 충분히 있다면 나는 차를 한 대 사겠다.)
→ Since I don't have enough money, I can't buy a car.
(나는 돈이 충분히 없기 때문에 차를 살 수 없다.) (직설법)

• If I had a car, I would give you a ride. (가정법 과거)
(만약 나에게 차가 있다면 너를 태워줄 수 있을 텐데.)
→ Since I don't have a car, I can't give you a ride. (직설법)
(= I can't give you a ride since I don't have a car.)
(현재 나에게 차가 없어서 너를 태워줄 수가 없다.)

※ 가정법을 직설법으로 바꿀 때에는 접속사로 since, because, and, so, 등을 사용할 수 있다.

예) • If I didn't have an exam, I would join the party.
= I have an exam and I can't join the party.
= I have an exam. So, I can't join the party.
= I can't join the party because I have an exam.
(=since)
= Because I have an exam, I can't join the party.
(=Since)

3) 가정법 과거의 If-절에 사용되는 be동사는 주어의 인칭에 관계없이 항상 'were'를 사용한다

예) • If I were a bird, I would fly to you.
(만약 내가 새라면 너에게 날아갈 수 있을 텐데.)
(= Since I am not a bird, I cannot fly to you.)
(= I cannot fly to you since I am not a bird.)

• If he were rich, he would not ask me for money.
(만약 그가 부자라면 나에게 돈을 부탁하지 않을 텐데.)
(=Since he is not rich, he asks me for money.)

단계 2: 언어 연습

1) 직설법을 가정법 과거로 바꾸기

- 가정법 과거에 대해 학생들이 제대로 이해했는지 알기 위해 질문을 던져서 확인한다. 다음으로 화면에 현재 사실을 묘사하는 문장을 하나씩 띄워주고 첫 문장은 전체 학생들로 하여금, 두 번째 문장부터는 개별적으로 지원자를 받거나 지명을 하여, 가정법 과거형 문장으로 고쳐 말해보게 한다. 개별 학생이 문장을 말하고 난 뒤에는 교사가 답을 화면에 띄워주고 학생들로 하여금 다 함께 읽게 한다. 이렇게 각 문장들을 모든 학생들이 다시 한 번 읽게 하는 이유는 지명 당한 학생들뿐만 아니라 나머지 학생들에게도 그 문장들을 말해볼 기회를 주기 위해서이다.

예) • Since I don't know English, I cannot say anything.
→ *If I knew English, I would say something.*

• Because I don't have enough money, I cannot buy a car.
→ *If I had enough money, I would buy a car.*

• I cannot fly to you since I am not a bird.
→ *I would fly to you if I were a bird.*

• He doesn't love me and I'm not going to marry him.
→ *I would marry him if he loves me.*

2) 가정법 과거를 직설법으로 만들기

- 위 1)에서와 같은 방법으로 이번에는 가정법 과거를 직설법으로 바꾸는 연습을 한다. 이 때 직설법 문장은 사용하는 접속사(since, because, and, so, 등)에 따라 다양한 답이 나올 수 있다.

예) • I am not a bird. So, I cannot fly to you.

→ *If I were a bird, I would fly to you.*

(만약 내가 새라면 네게 날아갈 수 있을 텐데.)

• He doesn't have enough money and he can't buy the car.

→ *If he had enough money, he would buy the car.*

(만약 그가 돈을 충분히 가지고 있다면 그 차를 살 텐데.)

• Since I don't have time, I can't help you with the work.

= I can't help you with the work since I don't have time.

→ *If I had time, I would help you with the work.*

(만약 내가 시간이 있다면 그 일로 너를 도울 텐데.)

• I can't call him because I don't have his number.

= Because I don't have his number, I can't call him now.

→ *If I had his number, I would call him now.*

(만약 내가 그의 번호를 가지고 있다면 그에게 전화를 할 텐데.)

※ 위의 예문들에서 알 수 있듯이, 직설법은 사용하는 접속사의 종류(since, because, and, so, 등)에 따라 다양한 문장이 가능하다. 하지만 가정법으로 만드는 방법은 모두 같다.

단계 3: 언어 사용

1) 가정법으로 자신에 대해 말하기

- 교사가 먼저 자신에 대해 직설법 문장과 가정법 문장을 시범적으로 말한 뒤 학생들로 하여금 자신의 상황을 가정법으로 말하게 한다.

예) T: I am not rich and I cannot buy a big house.

→ If I were rich, I would buy a big house.

T: I don't have enough money and I cannot buy a new car.

→ If I had enough money and I would buy a new car.

T: Now, can anybody try?

S1: I don't have money and I cannot buy a Smart phone.

→ If I had enough money, I would buy a Smart phone.

T: Good job!

By the way, you are a student. Do you really need a Smart phone?

S1: Yes! I can enjoy a lot of things with a Smart phone.

T: Anyone else?

S2: I don't have time and I can't play the computer games.

T: Well, playing computer games are fun, but try not to get addicted to it. (※ get addicted : 중독되다.)

2) 숙제

- 적지 않은 학생들에게는 즉흥적으로 가정법으로 문장을 만드는 일이 쉽지 않을 수 있다. 따라서 집에서 각자 숙제로 직설법 현재와 과거 문장을 두 개씩 만들고, 그것들을 각각 가정법 과거형과 과거완료형으로 고쳐 쓰기를 하여 다음 수업 시간에 발표하게 한다.

■ 가정법 과거완료

단계 1: 문법 설명

1) '가정법 과거완료'란 과거 사실의 반대를 가정할 때 사용하며, 그 형태는 'If ~ + 동사의 과거완료형 ~, ~ would have + p.p ~ .'이다.

예) • If I had come earlier, I would have seen him.

• If they had left yesterday, they would not have seen him.

2) '가정법 과거완료'란 동사의 형태가 과거완료형이기 때문에 붙은 이름이다. 하지만 과거사실의 반대를 가정하기 때문에 해석은 과거로 해야 하며, 직설법으로 바꿀 때에도 과거 시제를 사용해야 한다.

예) • If I had studied hard, I would have passed the exam.
(만약 내가 공부를 열심히 했더라면 시험에 합격했을 것이다.)
→ *Since I didn't study hard, I didn't pass the exam.*
(공부를 열심히 하지 않았기 때문에 시험에 합격하지 못했다.)
• If I had not failed in the exam, I'd have gone to see him.
(만약 내가 시험에 떨어지지 않았더라면 그를 만나러 갔을 텐데.)
→ *I didn't go to see her because I failed in the exam.*
(시험에 떨어졌기 때문에 그녀를 만나러 가지 않았다.)

단계 2: 언어 연습

1) 직설법을 가정법 과거완료로 바꾸기

- 교사는 과거시제로 된 직설법 문장들을 화면으로 제시한 뒤, 첫 문장은 전체 학생과 함께 가정법 과거완료로 바꾼다. 그 다음 문장들은 각각 개인 학생들을 지명하여 만들어 보게 한 뒤, 각 문장마다 바로 답을 제시하고 전체 학생들에게 다시 한 번 읽어 보게 한다. 이 때 직설법에 들어가는 접속사는 다양한 종류를 사용하는 것이 좋다. 그렇게 함으로써 구태여 교사가 설명을 하지 않더라도 학생들은 직설법에 그와 같은 다양한 접속사가 들어갈 수 있다는 것을 배우게 된다.

예) • Since she arrived on time, she didn't miss the train.
→ *If she had not arrived on time, she would have missed the train.*
• Because you got up late, you missed the class.
→ *If you had not got up late, you wouldn't have missed the class.*

• I failed in exam because I didn't study hard enough.

→ *I wouldn't have failed in the exam if I had studied hard enough.*

• They didn't come here since they didn't take the train.

→ *If they had taken the train, they'd have come here.*

2) 가정법 과거완료를 직설법으로 바꾸기

- 위 1)과 같은 방법으로 이번에는 가정법 과거완료를 직설법으로 고쳐보게 한다. 가정법 과거완료는 과거 사실의 반대를 가정하기 때문에 직설법으로 고칠 때의 시제는 과거형이라야 한다. 물론 직설법은 다양한 접속사를 사용할 수 있기 때문에 답은 다양하게 나올 수 있다.

예) • *If she had not arrived on time, she would have missed the train.*

→ Since she arrived on time, she didn't miss the train.

• Because you got up late, you missed the class.

→ *If you had not got up late, you wouldn't have missed the class.*

• I failed in the exam because I didn't study hard enough.

→ *I wouldn't have failed in the exam if I had studied hard enough.*

단계 3: 언어 사용

1) 직설법으로 자신의 현재 사실에 관한 문장을 만들고, 가정법 과거형으로 고쳐서 다시 말하게 한다. 교사가 먼저 시범을 보인 뒤 학생들에게 기회를 준다.

예) T: I can't visit my mother today because I don't have time.
If I had time, I would visit my mother today.

S1: I can't buy a Smart Phone because I don't have money.

If I had money, I would buy a Smart Phone.

S2: Because I have an exam, I can't play computer games.
If I didn't have an exam, I could play computer games.

S3: I don't know how to do it, and I cannot help you.
If I knew how to do it, I would help you.

2) 숙제

- 즉흥적으로 할 수 없는 학생들이 많은 경우에는 숙제로 몇 개의 문장을 만들어 와서 다음 시간에 발표하게 한다.

25. 직접화법과 간접화법 (Direct speech & Indirect speech)

단계 1: 문법 설명

1) 화자가 한 말을 따옴표를 사용하여 그대로 기술한 것을 직접화법, 다른 사람이 전달하는 형태로 기술한 것을 간접화법이라고 한다.

예) He said, "I don't like sports." (직접화법)
He said that he didn't like sports. (간접화법)

2) 간접화법에서는 전달하는 사람의 입장에서 기술하는 것이기 때문에 직접화법에서 지칭하는 사람, 동사의 시제, 때, 장소, 등이 그에 맞게 바뀐다.

예) • He said, "I don't like sports."
→ He said that he didn't like sports.

• He said to me, "I don't like sports."
→ He told me that he didn't like sports.

3) 직접화법을 간접화법으로 바꿀 때, 직접화법의 문장이 서술문인 경우에는 접속사 that을 사용하여 문장을 연결하며, 동사도 say(s)나 said인 경우에는 그대로, said to인 경우에는 told로 바꾼다.

예) • She says, "I love Korean foods."
→ She says that she loves Korean foods.
• My dad said, "I will not attend the meeting."
→ My dad said that he would not attend the meeting.
• They said to me, "We will come back to Korea."
→ They told me that they would come back to Korea.

4) 한편, 직접화법의 문장이 의문문인 경우에 간접화법으로 바꿀 때에는 의문사가 없는 경우에는 if를 시용하여 'if + 주어 + 동사'의 순서로 문장을 연결하며, 의문사가 있는 경우에는 '의문사 + 주어 + 동사'의 순서로 문장을 연결한다. 동사는 모든 경우에 현재 시제인 경우에는 ask(s)로, 과거 시제인 경우에는 asked로 바꾼다.

예) • She says, "Do you like Korean foods?"
→ She asks if I like Korean foods.
(그녀는 내가 한국 음식을 좋아하는지 묻는다.)
• She says, "Does he like Korean food?"
→ She asks if he likes Korean food.
(그녀는 그가 한국 음식을 좋아하는지 묻는다.)
• She says, "How old is the man?" (asks)
→ She asks how old the man is.

(그녀는 그가 몇 살인지 묻는다.)

• She said, "Does he like Korean foods?"

→ She asked if he liked Korean foods.

(그녀는 그가 한국 음식을 좋아하는지 물었다.)

• She said to me, "How old is the man?"

→ She asked me how old the man was.

(그녀는 그가 몇 살인지 내게 물었다.)

단계 2: 언어 연습

1) 직접화법을 간접화법으로 바꾸기

- 직접화법으로 된 문장을 교사가 화면에 띄워주고 학생들로 하여금 간접화법으로 고치게 한다. 학생들이 말하고 난 뒤에는 바로 답을 띄워주는 것이 좋다. 문장의 뜻도 이해하는지 확인한다.

예) • He says, "I lost my phone."

→ *He says that he lost his phone.*

(그는 전화를 잃어버렸다고 말했다.)

• She said to me, "I need a haircut."

→ *She told me that she needed a haircut.*

(그녀는 머리를 잘라야겠다고 말했다.)

• They said to me, "Do you want to join us?"

→ *They asked me if I wanted to join them.*

(그들은 내게 자기들과 함께 하기를 원하느냐고 물었다.)

2) 간접화법을 직접화법으로 바꾸기

- 이번에는 위의 1)과 반대로 간접화법으로 된 문장을 교사가 화면에

띄워주고 학생들로 하여금 직접화법으로 고치게 한다. 답은 즉시 띄워 주고 문장 뜻을 이해했는지 확인한다. 이 때 문장의 난이도에 따라 학생을 지명해서 시켜보는 것도 좋고, 전체 학생들을 대상으로 함께 확인하는 것도 좋다.

예) • He told me that I should take care of my brother.
(그는 나더러 동생을 내가 돌봐야 한다고 말했다.)
→ *He said to me, "You should take care of your brother."*

• They asked me if I knew her phone number.
(그들은 내가 그녀의 전화번호를 아는지 물었다.)
→ *They said to me, "Do you know her phone number?"*

• My mom always says that I have to do my best.
(우리 엄마는 항상 최선을 다해야한다고 내게 말씀하신다.)
→ *My mom always says, "You have to do your best."*

단계 3: 언어 사용

1) 과거에 누군가 나에게 한 말을 급우들에게 얘기하기

예) T: Last Sunday, my mom called me told me that she wanted to visit her hometown.
T: Now, can anyone have anything to tell us?
S1: Yesterday, my mom told me that she would come back home late.
S2: A few days ago, a man asked me if he could borrow my phone.

2) 짝이 말한 직접화법을 간접화법으로 급우들에게 전달하기

예) • S1: "I want to see a movie."
S2: S1 said that she wanted to see a movie.
• S3: "Can I borrow some money?"
S4: S3 asked if she could borrow some money.

3) 숙제

- 가족이나, 친구 또는 다른 아는 사람이 오늘 수업 이후 자신에게 한 말을 직접화법으로 먼저 쓰고 난 뒤 간접화법으로 고쳐 써 와서 수업시간에 발표하게 한다. 교사의 웹페이지에 예를 올려놓는다.

예) • My mom said to me, "Can you do the dishes for me?"
→ *My mom asked me if I could do the dishes for her.*
• My grandma said to me, "You should study hard."
→ *My grandma told me that I should study hard.*

26. ~하는 편이 낫다 (had better ~)

단계 1: 문법 설명

1) 'had better + (동사원형)'은 '~하는 편이 낫다'라는 뜻으로 주어에 상관없이 같은 형태로 쓴다. 'had better'는 축약형으로 '주어' + d better'로 쓰기도 한다.

예) • You had better leave now. (당신은 지금 떠나는 게 낫다.) (= You'd better)
• He had better leave now.
• They had better leave now.
• Jin-ho had better leave now.
etc.

2) 'had'는 'have'의 과거형이지만 'had better ~'은 과거로 해석하지 않는다는 점을 이해시킨다.

3) 부정의 뜻으로 'not'이 들어가야 할 위치는 better 뒤이며 had 뒤가 아니라는 점을 이해시킨다.

예) • You <u>had better</u> go now.: 너는 지금 가는 편이 낫다.
→ You <u>had better</u> <u>not</u> go now.: 너는 지금 가지 않는 편이 낫다.
• She<u>'d better</u> send the letter.: 그녀는 편지를 부치는 편이 낫다.
→ She<u>'d better</u> <u>not</u> send the letter.:
그녀는 편지를 부치지 않는 편이 낫다.

단계 2: 언어 연습

1) 문제에 대한 충고하기

- 우선 교사는 다음과 같은 문장으로 전체 학생들을 대상으로 다음과 같은 그림을 보여주면서 답을 유도한다.

(1) He got a poor grade on the test.

⇒ *He'd better study hard.*

(2) It's raining hard, but I don't have an umbrella.

⇒ *You'd better ask your friends to share the umbrella.*

(3) I lost my purse on the street.

⇒ *You'd better go back and check.*

(4) My sister eats too much.

⇒ *She'd better stop eating too much.*

2) 부정문으로 바꾸기

예) • You'd better leave now.(당장 떠나는 게 좋다.)

→ You'd better <u>not</u> leave now. (당장은 떠나지 않는 게 좋다.)

(1) I'd better call him.→ I'd better not call him.

(2) You'd better help them. → ______________________.

(3) They'd better come early. → ______________________.

(4) We'd better call the police. → ______________________.

(5) He'd better hurry up. → ______________________.

단계 3: 언어 사용

1) 문제에 대한 충고하기

예) • I have a cold. → You had better take some medicine.
(당신은 약을 먹는 게 낫다.)

• I am late for class. → You'd better hurry up.
(당신은 서두르는 게 낫다.)

• He is getting fat.→ He'd better get some exercise.
(그는 운동을 좀 하는 게 낫다.)

• I lost my bag.→ You'd better report it to the police.
(당신은 경찰에 그것을 알리는 게 낫다.)

2) 집단 별로 문제 얘기하고 충고하기

- 학생들을 집단으로 나누고 각 집단의 구성원들끼리 서로의 문제를 얘기하고 충고하기

• Problem: ____________________ ◆ Advice: ____________________

• Problem: ____________________ ◆ Advice: ____________________

• Problem: ____________________ ◆ Advice: ____________________

3) 숙제

- 학생들로 하여금 숙제로서 오늘 배운 내용을 바탕으로 자신의 주위에서 발견되는 문제점들을 세 가지 기술하고 그에 대한 자신의 충고를 써서 그 다음 수업 시간에 발표하게 한다.

27. 너무 ~해서 ~할 수 없다 (too ~ to ~)

단계 1: 문법 설명

1) 'too ~ to ~'는 '너무 ~해서 ~할 수 없다.'로 해석하며, 'too' 뒤에는 형용사나 부사가 오고 'to' 뒤에는 동사원형이 온다.

예) I am too tired to work any more.
형용사 동사원형
(나는 너무 피곤해서 더 이상 일을 할 수 없다.)
She walked too slowly to catch him.
부사 동사원형
(그녀는 너무 천천히 걸어서 그를 따라잡을 수 없었다.)

2) 'too ~ to ~'구문은 'so ~ that ~ cannot ~' 구문으로 바꾸어 쓸 수 있다.

예) I am too busy to attend the concert.
= I am so busy that I cannot attend the concert.
(나는 너무 바빠서 음악회에 갈 수 없다.)
He was too late to attend the meeting.
= He was so late that he could not attend the meeting.
(그는 너무 늦어서 회의에 참석할 수가 없었다.)

※ 앞의 be동사가 과거시제이므로 'can' 대신 'could'를 사용

3) 앞의 주어와 뒤의 주어가 다를 때에는 to 앞에 'for ~'가 들어간다.

The table is too heavy for me to lift.
= The table is so heavy that I cannot lift it.

※ 위 두 문장에서 학생들이 틀리기 쉬운 부분인 'it'의 사용 여부에 대해서 설명한다. 첫 번째 문장의 경우에는 절(절은 기본적으로 주어와 동사가 필요함)이 하나이다. 따라서 동사 'lift'의 목적어를 따로 쓸 필요 없이, 앞에 있는 주어 'The table'이 그 역할을 하지만, 두 번째 문장의 경우에는 절이 두 개 포함된 복문(complex sentence)이다. 따라서 that절에서 동사의 목적어가 따로 필요하다. 단, 앞에서 이미 언급된 단어이기 때문에 'the table'대신 'it'을 쓴다.

단계 2: 언어 연습

1) 예문을 제시하고 뜻을 설명하고 따라 읽힌다. 이 때 교사가 직접 하기보다는 가능하면 학생들에게 많은 기회를 주어 수업에 참여시키도록 한다.

예) • I am too lazy to get up early.
(나는 너무 게을러서 일찍 일어날 수 가 없다.)
• You are too young to drive a car.
(너는 너무 어려서 차를 운전할 수가 없다.)
• He is too old to play tennis.
(그는 너무 나이가 들어서 테니스를 할 수가 없다.)

2) 화면을 이용하여 핵심 단어들을 제시하고, 학생들로 하여금 too ~ to를 사용하여 문장을 만들게 한다. 그리고 학생들이 말한 문장을 글로 보여준 뒤 따라 읽힌다. (교사가 먼저 시범을 보인다.)

예) • (He, young, drive a car)
→ He is too young to drive a car.
• (She, old, play basketball)
→ *She is too old to play basketball.*

• (You, smart, fail in the exam)

→ *You are too smart to fail in the exam.*

3) 오늘 배운 구문을 이용, 그림을 보면서 문장 만들기를 한다.

단계 3: 언어 사용

1) 실제 있는 일로 연습할 기회를 준다. 이 때 교사가 먼저 시범을 보이고 난 뒤 지원자에게 먼저 기회를 주고, 없으면 지명한다. 이 때 지명은 항상 능력에 맞게 잘하는 학생들부터 먼저 하게 함으로써 못하는 학생들은 다른 학생들이 하는 것을 보고 충분히 연습이 된 뒤에 할 수 있도록 한다.

※ 만약 이 부분이 잘 안되면 교사가 몇 문장 시범만 보이고 난 뒤 숙제로 낸다.

예) T: I am too tired to clean the house today.

My brother is too heavy to run fast.

S1: ______________________________

S2: ______________________________

S3: ______________________________

2) 숙제

- 학생들 스스로 자신이나 주위의 실제 인물에 대해 "too ~ to ~"를 이용하여 5개의 문장 만들어 와서 다음 수업시간에 발표하기. 교사의 웹페이지에 교사 자신에 대해 몇 개의 예문을 올려주는 것도 좋다.

28. 과거의 습관 (used to ~)

단계 1: 문법 설명

1) 사람들은 종종 지나 간 일에 대해 얘기할 경우가 있다. 과거에는 그랬지만 지금은 아닌 경우 'used to + 동사원형 ~'의 형태를 사용하게 되는데 이 때 해석은 '(과거에) ~하곤 했었다'로 한다.

2) 과거의 습관을 묘사하는 'used to ~ (~하곤 했다, 했었다)'에 사용된 used는 'use(사용하다, 쓰다)'라는 동사와는 그 뜻이 무관하며, 발음도 다름을 예를 들어 설명한다.

예) • I used too much time on computer games.
[ju:zd] 유즈드
(나는 컴퓨터 게임에 너무 많은 시간을 썼다.)
• I used to play computer games too much.
[ju:st] 유스트
(나는 컴퓨터 게임을 너무 많이 하곤 했다.)

3) 'used to ~'에는 지금은 그렇지 않다는 뜻이 내포됨. 또한 조동사 'would'도 과거의 습관을 묘사할 때 사용하지만, 규칙적인 습관을 나타내는 'used to ~'와는 달리 불규칙적인 습관을 묘사할 때 주로 사용한다. 하지만 규칙적인 상태를 묘사할 때는 'would'를 사용하지 않고 'used to ~'를 사용해야 한다.

예) • They would visit me on Sundays. (o)
• They used to visit me on Sundays. (o)
(그들은 일요일에 나를 방문하곤 했다.)

• There used to be a house near the lake. (o)
(그 호수 근처에 집이 한 채 있었다. - 지금은 없어졌다.)
• There would be a house near the lake. (x)

4) 교사는 화면에 예문을 몇 가지 제시하고 학생들로 하여금 해석해 보게 한다. 그리고 따라 읽힌다.

예) • I used to watch T.V. until midnight.
(나는 자정까지 TV를 보곤 했다.)
• He used to sleep so many hours.
(그는 아주 많은 시간 잠을 자곤 했다.)
• We used to go fishing on Sundays.
(우리는 일요일에 낚시하러 가곤 했다.)
• She used to sing for her classmates.
(그녀는 급우들을 위해 노래를 불러주곤 했다.)

5) 'used to ~'와 'be used to ~'의 차이

- 'used to + 동사원형'은 과거에 '~하곤 했다'의 뜻이며, 'be used to + (동)명사'는 '~에 익숙하다'는 뜻이다.

예) • I used to eat a lot of spicy foods
(나는 매운 음식을 많이 먹곤 했다.)
• I used to go shopping with my mom.
(나는 엄마랑 쇼핑을 가곤 했다.)
• Tom is used to eating spicy foods now.
(탐은 이제 매운 음식 먹는 데 익숙하다.)
• The old man is used to living alone.
(그 노인은 혼자 사는데 익숙하다.)

6) 학생들의 이해도를 확인하기 위하여 과거가 아닌 '요즘 ~하곤 한다'라고 표현하고 싶을 때는 어떻게 해야 할까라고 학생들에게 질문을 던져 본다. 학생들의 답을 들어보고, 보충 설명한다. 이 때 현재라고 해서 'use to'같은 표현은 쓰지 않으며, often이나 sometimes 등으로 대신 쓸 수 있음을 이해시킨다.

단계 2: 언어 연습

1) 교사가 그림을 제시하고 학생들로 하여금 문장 만드는 연습을 한다. 첫 문장은 교사가 시범을 보인다.

예)

	T: She used to do the dishes. (그녀는 설거지를 하곤 했다.)
	T: She used to play the guitar. (그녀는 기타를 치곤했다.)
	Ss.: He used to drive a car to work. (그는 직장에 차를 운전해 가곤 했다.)
	S1: She used to ride a bike to school. (그녀는 학교에 자전거를 타고 가곤했다.)
	S2: He used to fish alone in the river. (그는 강에서 혼자 낚시를 하곤 했다.)

단계 3: 언어 사용

1) 교사나 학생들의 실제 경험을 바탕으로 문장 만들기를 한다. 교사가 시범을 보인 뒤 지원자들에게 또는 몇몇 잘하는 학생들에게 지명을 하여 자신의 경험에 대해 말해 보게 한다. 하지만 즉흥적으로 문장을 만들어야 하는 이 활동이 학생들에게 다소 부담스럽다고 판단될 경우, 숙제로 해오게 해서 그 다음 수업 시간에 발표하게 하는 것도 좋다. 지나치게 부담을 주는 활동은 학생들이 수업을 기피하게 하는 원인이 될 수도 있으므로 교사의 현명한 판단이 중요하다.

예) T: I used to drive a car, but I don't any more.

S1: ______________________________

S2: ______________________________

S3: ______________________________

S4: ______________________________

2) 숙제:

- 나 또는 나의 주변 사람들이 과거에는 했지만 지금은 하지 않는 일에 대하여 오늘 배운 'used to ~'를 이용하여 문장 5개를 만든다. 그리고 그 다음 수업 시긴에 발표힌다.

29. 가주어(It)와 진주어

단계 1: 문법 설명

1) 말 그대로 가주어는 가짜 주어, 진주어는 진짜 주어라고 쉽게 생각하면 된다. 영어에서는 날씨, 시각, 요일, 계절, …… 등등을 묘사할 때 가주어 'It'을 주어 자리에 쓴다.

예) • It is windy today. (오늘은 바람이 부는 날씨이다.)
• It is seven o'clock in the morning. (아침 7시이다.)
• It is Sunday today. (오늘은 일요일이다.)
• It is winter now. (지금은 겨울이다.)

2) 또한 주어가 문장으로 이루어져 있다거나 혹은 다른 이유로 너무 길 경우에는 주어를 문장의 뒤쪽으로 보내는 데 이럴 경우에도 본래 주어 자리에 가주어 'It'을 쓴다. (주어가 문장으로 이루어졌을 때에는 'that'을 함께 써서 문장의 뒤쪽으로 보낸다.) 가주어 'It'은 해석을 하지 않으며, 해석을 할 때에는 뒤의 진주어 부분을 먼저 해야 한다.

예) • It is surprising that she came to the party.
(그녀가 파티에 왔다는 것은 놀라운 일이다.)
• It is my wish to get into a good college.
(좋은 대학에 입학하는 것이 나의 바램이다.)

※대명사 It은 가주어와 It와는 달리 '그것'이라고 해석을 한다.

예) It is my phone number. (그것은 내 전화번호다.)
It was very boring to watch the movie.
(그 영화를 보는 것은 무척 지겨웠다.)

단계 2: 언어 연습

1) 교사가 예문들을 말해 주고 학생들로 하여금 가주어로 쓰였는지 여부를 판단하게 한다. 가주어로 쓰였으면 왼손, 진주어로 쓰였으면 오른손을 들게 한다.

예) T: It's cloudy today. Ss: (raise their right hands)
T: It's my purse. Ss: (raise their left hands)
T: It's very hot in summer. Ss: (raise their right hands)
T: It's really interesting. Ss: (raise their right hands)
T: It's not yours. Ss: (raise their left hands)

2) 위의 연습이 끝나고 난 뒤에는 방금 말한 문장들을 화면에 띄워 주고 학생들을 전체로 또는 개별적으로 지명하여 한 문장씩 읽어보게 한다.

3) 교사가 가주어가 들어간 문장으로 질문을 하고 학생들은 전체로 답을 한다. 끝나고 나면 몇몇 학생들을 지명하여 질문을 하고 다른 학생들로 하여금 답을 하게 한다.

예) T: Is it summer now?
Ss: No. it is not. It's spring now.
T: Is it 12:30 now?
Ss: Yes, it is.
T: Is it possible to use a phone during the exam?
Ss: No, it is not.
T: Now, can anyone ask a question? S2?

단계 3: 언어 사용

1) 자신의 경험에 대해 교사의 질문에 답하기

- 가주어가 들어간 문장으로 교사가 질문을 하고 학생들은 개별적으로 자신의 경험에 바탕을 두고 답을 한다.

예) T: My apartment is far from here.
It takes one and a half hours for me to get here.
(내가 여기 도달하는 데 1시간 반 걸려요.)
Now, tell me. Is your house far from here? S1?
S1: Yes, it is.
T: How long does it take from here to your house?
S1: One hour.
T: Wow, it takes one hour. Pretty far.

2) 짝 활동

- 위의 1)에서 한 것처럼 짝끼리 각자의 집에 대해 얼마나 먼지, 가는데 얼마나 걸리는지, 등하교 시에 무엇을 타고 다니는지 등에 대해 서로 묻고 답한다.

3) 숙제

- 위의 2)에서 한 것처럼 자신의 집과 학교 사이의 거리, 등하교 수단, 등등에 대해 글로 써오고 그 내용을 수업 시간에 발표하게 한다.

30. 접속사(Conjunctions)

- 접속사란 문장과 문장을 연결해 주는 역할을 하는데, 그 종류에는 등위접속사(coordinate conjunctions)와 종위(또는 종속)접속사(subordinate conjunctions)가 있다.

■ 등위접속사 (Coordinate Conjunctions)

단계 1: 문법 설명

1) 접속사는 단어와 단어, 구와 구, 절과 절을 연결해주는 역할을 하는데, 그 중에서 등위접속사란 and, but, or, nor, for, so, yet 등을 말한다.

2) 등위접속사가 들어가는 문장을 종속접속사가 들어가는 문장으로 바꿀 수 있다.

예) • She lost her purse, <u>and</u> she asked me for help.
그녀는 지갑을 잃어버려서 나에게 도움을 청했다.
(= <u>Because</u> she lost her purse, she asked me for help.)
그녀는 지갑을 잃어버렸기 때문에 나에게 도움을 청했다.)
• I was very tired, but I had to do my homework.
(= Though I was very tired, I had to do my homework.)
나는 무척 피곤했지만 숙제를 해야만 했다.

※ 'Even though'와 'although(Though)' 양쪽 모두 '비록 ~이지만'이라고 해석을 하지만 전자가 후자보다 뜻이 더 강하다.

단계 2: 언어 연습

1) 등위접속사를 종속접속사로 바꾸기

- 등위접속사가 들어가는 문장을 화면으로 제시하고 종속접속사 문장으로 바꾸기 연습을 한다. 첫 문장은 교사가 먼저 시범을 보이고 답을 제시한 뒤 또는 제시하기 전에 전체 학생들에게 그 문장을 읽어 보게 한다. 개별적으로 지원자에게 기회를 주거나 지명하여 말하게 하는 경우에도 답을 제시하기 전이나 또는 후에 전체 학생들에게도 기회를 주도록 한다.

예) T: I am not feeling well, and I cannot finish the work now.
→ *Because I am not feeling well, I cannot finish the work now.*
(몸이 안 좋아서 지금 그 일을 완성할 수가 없다.)

• I'm not happy about it, but I must stand it for a while.
→ *Though I'm not happy about it, I must stand it for a while.*
(나는 그 일에 대해 기분이 안 좋지만 한 동안 그 일을 참아야 한다.)

• She has to leave the city, and she wants to sell her car.
→ *Since she has to leave the city, she wants to sell her car.*
(그녀는 도시를 떠나야 하기 때문에 자신의 차를 팔고 싶어 한다.)

※ 교사는 모든 학생들에게 최대한의 기회를 주는 것을 항상 염두에 두어야 한다. 수업 관찰을 해보면 몇몇 학생들만 기회를 갖고 나머지 학생들은 그냥 앉아서 들러리 역할만 하는 것 같은 경우를 적지 않게 보게 된다. 교사의 교수기술이 학습효과와 밀접한 관계를 갖는다는 점을 기억해야 할 것이다.

2) 등위접속사로 두 문장을 하나로 만들기

예) • Because I don''t have money, I cannot give you any help.
→ I don't have money, and I cannot give you any help.
(내가 돈이 없어서 너를 도울 수가 없다.)
• Although I don't know the answer, I can give you a help.
→ I don't know the answer, but I can give you a help.
(비록 내가 답은 모르지만 네게 도움을 줄 수는 있다.)

단계 3: 언어 사용

1) 교사가 먼저 시범을 보인 뒤, 학생들로 하여금 등위접속사를 이용하여 자신의 문장을 만들고 종속접속사를 이용하여 문장을 바꾸어보게 한다.

예) T: My car is very old, but I will not get a new one.
(= Even though my car is very old, I will not get a new one.)
S1: ____________________.
S2: ____________________.
S3: ____________________.
S4: ____________________.

2) 숙제

- 학생들이 좀 더 많은 연습을 필요로 한다고 판단될 경우에는 숙제로 해오게 하고, 그 다음 시간에 발표하게 하는 것도 한 가지 방법이다.

■ 종속접속사 (Subordinate Conjunctions)

단계 1: 문법 설명

1) 종속접속사에는 because, since, although / though /even though, when, while, if, after, before, as soon as, till, until, as long as, as if, in case, in spite of/despite, provided/providing, unless 등, 많은 종류가 있다.

2) 종속접속사가 시간이나 조건을 나타내는 부사절을 이끌 경우에는 미래시제 대신 현재시제를 사용한다.

예) • We'll arrive home before he leaves. (시간)
(그가 떠나기 전에 우리는 집에 도착할 것이다.)
• I'll be able to finish the work if she helps me. (조건)
(만약 그녀가 도와준다면 나는 그 일을 완성할 수 있을 것이다.)

3) 경우에 따라 종속접속사로 이루어진 문장을 등위접속사를 넣어 바꾸어 쓸 수 있다. 단, 이때 들어가는 접속사는 문장의 뜻에 맞게 골라야 한다.

예) • Although it was raining, we continued playing the game.
비록 비가 오고 있었지만, 우리는 경기를 계속했다.
(= It was raining, but we continued playing the game.)
비가 오고 있었지만 우리는 경기를 계속했다.
• They cancelled the game because it was raining.
비가 오고 있었기 때문에 그들은 경기를 취소했다.
(= It was raining, and they cancelled the game.)
비가 오고 있어서 그들은 경기를 취소했다.

• Although they are not close friends, they share the room.
비록 친한 친구들이 아니지만, 그들은 방을 함께 쓰고 있다.
(= They are not close friends, but they share the room.)
그들은 친한 친구들이 아니지만 방을 함께 쓰고 있다.

※ Although는 Even though나 Though로 바꾸어 써도 된다.

예) Although I studied really hard, I failed in the exam.
= Even though I studied really hard, I failed in the exam.
= Though I studied really hard, I failed in the exam.
(비록 나는 정말 열심히 공부했지만, 시험에 떨어졌다.)

단계 2: 언어 연습

1) 종속접속사를 등위접속사로 바꾸기

- 종속접속사가 다양한 위치에 들어가는 문장을 화면으로 제시하고 등위접속사 문장으로 바꾸기 연습을 한다. 첫 문장은 교사가 먼저 시범을 보이고 답을 제시한 후 전체 학생들에게 그 문장을 읽어 보게 한다. 개별적으로 지원자에게 기회를 주거나 지명하여 말하게 하는 경우에도 가능하면 답을 제시한 후 전체 학생들에게도 읽을 기회를 주도록 한다.

예) T: Even though saw him before, I can't remember him.
= *I saw him before, but I can't remember him.*
(나는 전에 그를 만났지만 그를 기억할 수가 없다.)

• Since she's a good cook, she usually cooks for her friends.
= *She's a good cook, and she usually cooks for her friends.*
(그녀는 요리를 잘하기 때문에 보통 친구들을 위해 요리를 한다.)

• I didn't get a good grade because I didn't study hard.

= *I didn't study hard, and I didn't get a good grade.*

(나는 열심히 공부하지 않았기 때문에 좋은 학점을 받지 못했다.)

• He failed to catch the train since he got up late.

= *He got up late, and he failed to catch the train.*

(그는 늦게 일어났기 때문에 기차를 잡지 못했다.)

2) 접속사를 넣어 두 문장을 하나로 연결하기

- 화면에 두 개의 문장을 제시하고 학생들로 하여금 등위접속사와 종속접속사로 연결하여 하나의 문장으로 다양하게 만들어 보게 한다. 학생들에게서 다양한 형태의 문장이 다 나오지 않을 때는 교사가 보충해주는 역할을 하는 것도 필요하다.

예) • Sumi is very tired now. She didn't sleep well last night.

→ *Sumi is very tired now because she didn't sleep well last night.*

= *Because she didn't sleep well last night, Sumi is very tired now.*

= *Sumi didn't sleep well last night, and she is very tired now.*

(수미는 지난밤에 잠을 잘 못 잤기 때문에 지금 매우 피곤하다.)

• Minsu is very sad now. His mom is sick.

→ *Minsu is very sad now because his mom is sick.*

= Because his mom is sick, Minsu is very sad now.

= Minsu's mom is sick, and he is very sad now.

(민수는 어머니가 편찮으시기 때문에 지금 매우 슬프다.)

• Junghee is very nervous now. She didn't bring her homework.

→ Because she didn't bring her homework, Junghee is very nervous now.

= *Junghee is very nervous now because she didn't bring her homework.*

= *Junghee didn't bring her homework, and she is nervous now.*
(정희는 숙제를 가져오지 않았기 때문에 지금 매우 불안하다.)

단계 3: 언어 사용

1) 접속사를 이용해 자신의 문장 만들기

- 교사가 먼저 시범을 보인 뒤, 학생들로 하여금 종속접속사를 이용하여 자신의 문장을 만들고 등위접속사를 이용하여 문장을 바꾸어보게 한다. 대부분의 학생들이 즉흥적으로 문장을 만드는 데 어려움을 느끼는 경우가 많기 때문에 이 부분은, 숙제로 내는 것도 좋다.

예) T: Because I went to bed late last night, I feel very tired now.
(=I went to bed late last night, and I feel very tired now.)
S1: ______________________________.
S2: ______________________________.
S3: ______________________________.
S4: ______________________________.

2) 숙제: 종속접속사를 이용해 자신의 문장을 5개씩 만들어 와서 다음 수업 시간에 발표하기

참고 문헌

Batstone, R. (1994). Product and process: Grammar in the second language classroom. In M. Bygate, A. Tonkyn, & E. Williams (Eds.), *Grammar and the language teacher* (pp. 224-236). Englewood Cliffs, NY: Prentice Hall Inc.

Belasco, S. (1983). Time, proficiency, and the best method: An editorial. *The Modern Language Journal, 67*(3), 213-215.

Belmechri, E., & Hummel, K. (1998). Orientation and motivation in the acquisition of English as a second language among high school students in Quebec City. *Language Learning, 48,* 219-244.

Bragger, J. D. (1985). The development of oral proficiency. In A. C. Omaggio (Ed.), *Proficiency, curriculum, articulation: Th ties that bind* (pp. 41-75). Middlebury, VT: The Northest Conference on the Teaching of Foreign Languages, Inc.

Braidi, S. M. (1995). Reconsidering the role of interaction and input in second language acquisition. *Language Leaning, 45*(1), 141-175.

Bygate, M. (1994). Adjusting the focus: Teacher roles in task-based learning of grammar. In M. Bygate, A. Tonkyn, & E. Williams (Eds.), *Grammar and the language teacher* (pp. 237-259). Englewood Cliffs, NJ: Prentice Hall Inc.

Canale, M., & Swain, M. (1980). Theoretical basis of communicative approaches to second language teaching and testing. *Applied Linguistics, 1*, 1-47.

Celce-Murcia, M. (1991). Grammar pedagogy in second and foreign language teaching. *TESOL Quarterly, 25*(3), 459- 480.

Chen, J. F., Warden, C. A., & Chang, H.-T. (2005). Motivators that do not motivate: The case of Chinese EFL learners and the influence of culture on motivation. *TESOL Quarterly, 39*(4),

609-633.

Crookes, G., & Schmidt, R. W. (1991). Motivation: Reopening the research agenda. *Language Learning, 41*(4), 469-512.

Cummins, J. (1980). The cross-lingual dimensions of language proficiency: Implications for bilingual education and the optimal age issue. *TESOL Quarterly, 14*(2), 175-188.

DeKeyser, R. (2000). The robustness of critical period effects in second language acquisition. *Studies in Second Language Acquisition, 22*, 499-533.

Doughty, C. (1991). Second language instruction does make a difference. *Studies in Second Language Acquisition, 13*, 431-469.

Doughty, C., & Williams, J. (1998). Pedagogical choices in focus on form. In C. Doughty & J. Williams (Eds.), *Focus on form in classroom second language acquisition* (pp. 197-261). Cambridge: Cambridge University Press.

Ellis, R. (1995). Interpretation tasks for grammar teaching. *TESOL Quarterly, 29*(1), 87-105.

Ellis, R. (2002). Does form-focused instruction affect the acquisition of implicit knowledge? *Studies in Second Language Acquisition, 24*, 223-236.

Ellis, R., Basturkmen, H., & Loewen, S. (2001). Learner uptake in communicative ESL lessons. *Language Learning, 51*(2), 281-318.

Fotos, S. (1994). Integrating grammar instruction and communicative language use through grammar consciousness-raising tasks. *TESOL Quarterly, 28*(2), 323-351.

Fotos, S. (1998). Shifting the focus from forms to form in the EFL classroom. *ELT Journal, 52*(4), 301-307.

Fotos, S., & Ellis, R. (1991). Communicating about grammar: A task-based approach. *TESOL Quarterly, 25*(4), 605-628.

Gardner, D. (1987). Communicative games: Do we know what we're talking about? ELT Journal, 41(1), 19-24.

Gardner, R. C., & MacIntyre, P. D. (1991). An instrumental motivation in language study. *SSLA, 13*, 57-72.

Gass, S. M., & Varonis, E. M. (1994). Input, interaction, and second language production. *SSLA, 16*, 283-392.

Hadley, A. O. (1993). Proficiency-oriented language learning: Origins, perspectives, and prospects. In J. K. Phillips (Ed.), Reflecting on proficiency from a classroom perspective (pp. 1-30). Lincolnwood, IL: National Textbook Company.

Higgs, T., & Clifford, R. (1982). The push toward communication. In T. Higgs (Ed.), *Curriculum, competence and the foreign language teacher* (pp. 57-79). Skokie, IL: National Textbook.

Hwang, J.-B. (2000). Focus on form and the use of CD-ROM in the L2 learning of English grammar, *Foreign Languages Education, 7*(2), 277-295.

Hwang, J.-B. (2001). Focus on form and the L2 learning of English unaccusative verbs. *English Teaching, 56*(3), 111-133.

Hwang, J.-B. (2004). How to apply focus-on-form techniques to Korean EFL classrooms. *Foreign Languages Education, 11*(3), 85-101.

Kang, D.-H. (2004). The differential effects of focus-on-form instructions on EFL learners' grammar learning. *English Language Teaching, 16*(1), 29-53.

Kim, B. (2002). The role of focus on form in the EFL classroom setting: Looking into recast and CR tasks. *English Teaching, 57*(4), 267-296.

Kim, M.-Y. (2002). The proposal of form-meaning combined CLT in the secondary EFL classroom. *Journal of Applied Linguistics Association of Korea, 18*(1), 57-82.

Kim, S.-A. (2002). A Critical reflection on the 'Teaching English Through English' in the Korean Context. *English Teaching, 57*(4), 315-346.

Kim, S.-A. (2003). Problems and needs in the secondary school "communicative" English classes. *Applied Linguistics, 19*(1), 59-92.

Kim, S.-A. (2005). Enhancing class effectiveness through appropriate teacher techniques. *English Language Teaching, 17*(4), 83-114.

Kim, S.-A. (2006a). The reality of high school English classes and suggestions to improve them. *English Language Teaching, 18*(4), 77-109.

Kim, S.-A. (2006b). Integrating grammar instruction and communication in middle school EFL classes. *The Journal of College of Education, 45*, 45-66.

Kim, S.-A. (2007a). An analysis of the teacher's use of class materials / activities in elementary school English classes. *English Language Teaching, 19*(4), 1-26.

Kim, S.-A. (2007b). A call for effective teacher techniques in elementary school English classes. *Studies in English Education, 12*(2), 65-85.

Kim, S.-A. (2007c). The quality of language input as revealed in teacher talks and classroom activities. *Modern English Education, 8*(3), 85-106.

Kim, S.-A. (2007d). Making grammar instruction more communicative in high school English classes. *Foreign Languages Education, 14*(1), 109-132.

Kim, S.-A. (2008a). A call for change in English teacher education and policy to meet the needs in secondary schools. *Teacher Education Research, 47*(3), 1-26.

Kim, S.-A. (2008b). Suggestions to improve secondary school English teacher education in Korea. *English Language & Literature*

Teaching, 14(3), 133-154.

Kim, S.-A. (2009). Re-examining the role of reading in the era of communicative language teaching. *English Language Teaching, 21*(4), 49-74.

Kim, W.-Y. (2002). The effects of focus-on form instructions on the acquisition of English unaccusative verbs. *Foreign Languages Education, 11*(4), 419-445.

Krashen, S. (1982). *Principles and practice in second language acquisition*. Oxford: Pergamon.

Lee, H. (1999). The notion of focus on form for the second language acquisition theory and practice. *English Teaching, 54*(4), 71-90.

Lee, H. (2002). The other side of the mirror: Learners' intentional focus on form. *Journal of the Applied Linguistics of Korea, 18*(2), 191-213.

Lee, H. (2003). The effects of production and comprehension for focus on form and second language acquisition. *Journal of Applied Linguistics of Korea, 19*(2), 41-68.

Lee, H.-J. (2000). A study on focus-on-form plus communicative instruction in primary school English learning. *Foreign Languages Education, 7*(2), 85-113.

Lee, H.-J. (2005). A comparative study on the awareness of grammar instructional approach by EFL teachers and learners. *English Teaching, 60*(1), 69-96.

Lee, J.-H. (1999). Errors in classroom English used by elementary school English teachers and ways of improving them. *English Teaching, 54*(4), 353-371.

Lee, J.-W. (1999). Communicative language teaching: Heretofore and hereafter. *English Teaching, 54*(3), 177-195.

Lee, K.-S. (2002). The renaissance in formal grammar instruction and grammar consciousness-raising tasks. *English Teaching, 57*(3),

215-238.

Lightbown, P., & Spada, N. (1990). Focus-on-form and corrective feedback in communicative language teaching: Effects in second language learning. *Studies in Second Language Acquisition, 12,* 429-448.

Long, M. (1991). Focus on form: A design feature in language teaching methodology. In K. de Bot, R. Ginsberg, & C. Kramsch (Eds.), *Foreign language research in cross- cultural perspective* (pp. 39-52). Amsterdam: John Benjamins.

Long, M., & Robinson, P. (1998). Focus on form: Theory, research, and practice. In C. Doughty & J. Williams (Eds.), *Focus on form in classroom second language acquisition* (pp. 15-41). Cambridge: Cambridge University Press.

Loschky, L. (1994). Comprehensible input and second language acquisition. *SSLA, 16*, 303-323.

Magnan, S. S. (1988). Grammar and the ACTFL oral proficiency interview: Discussion and Data. *The Modern Language Journal, 72*(3), 266-276.

Min, C.-K. (2002). The focus-on-form approach: Pedagogical characteristics and application to the Korean EFL classroom. *Foreign Languages Education, 9*(1), 69-87.

Mitchell, R. (1994). Foreign language teachers and the teaching of grammar. In M. Bygate, A. Tonkyn, & E. Williams (Eds.), *Grammar and the language teacher* (pp. 215-223). Englewood Cliffs, NJ: Prentice Hall Inc.

Mitchell, J. T., & Redmond, M. L. (1993). Rethinking grammar and communication. *Foreign Language Annals, 26*(1), 13-19.

Muranoi, H. (2000). Focus on form through interaction enhancement: Integrating formal instruction into a communicative task in EFL classrooms. *Language Learning, 50*(4), 617-673.

Noels, K. A., Pelletier, L. G., Clément, R., & Vallerand, R. J. (2000). Why are you learning a second language? Motivational orientation and self-determination theory. *Language Learning, 50*, 57-85.

Nunan, D. (1987). Communicative language teaching: Making it work. *ELT Journal, 41*(2), 136-145.

Nunan, D. (1991). *Language teaching methodology*. Englewood Cliffs, NJ: Prentice Hall Inc.

Nunan, D. (1998). Teaching grammar in context. *ELT Journal, 52*(2), 101-109.

Odlin, T. (1994). Introduction. In T. Odlin (Ed.), *Perspectives on pedagogical grammar* (pp. 1-22). New York, NY: Cambridge University press.

Pica, T., Lincoln-Porter, F., Paninos, D., & Linnell, J. (1996). Language learners' interaction: How does it address the input, output, and feedback needs of L2 learners? *TESOL Quarterly, 30*(1), 59-84.

Prabhu, N. S. (1987). *Second language pedagogy*. Oxford: Oxford University Press.

Richards, J. C. (1985). *The context of language teaching*. New York, NY: Cambridge.

Richards, J. C. (2002). Addressing the grammar gap in task work. In J. C. Richards & W. A. Renandya (Eds.), *Methodology in language teaching* (pp. 148-152). Cambridge: Cambridge University Press.

Rivers, W. M. (1983). *Communicating naturally in a second language*. Cambridge: Cambridge University Press.

Savignon, S. J. (1991). Communicative language teaching: State of the art. *TESOL Quarterly, 25*(2), 261-277.

Schinke-Llano, L., & Vicars, R. (1993). The affective filter and negotiated interaction: Do our language activities provide for both? *The Modern Language Journal, 77*(3), 325-329.

Seedhouse, P. (1996). Classroom interaction: Possibilities and impossibilities. *ELT Journal, 50*(1), 16-24.

Shaaban, K. A., & Ghaith, G. (2000). Student motivation to learn English as a foreign language. *Foreign Language Annals, 33*(6), 632-644.

Shin, Y.-J. (1996). Making the EFL classroom a pseudo-natural setting. *English Teaching, 51*(2), 169-186.

Spada, N., & Lightbown, P. M. (2008). Form-focused instruction: Isolated or integrated? *TESOL Quarterly, 42*(2), 181-207.

Stathis, R., and Gotsch, P. (2011). *Explicit grammar instruction: The research basis for grammar gallery.* Ruidoso, NM: Teacher Writing Center.

Storch, N. (2002). Patterns of interaction in ESL pair work. *Language Learning, 52*(1), 119-158.

Strong, M. (1984). Integrative motivation: Cause or result of successful second language acquisition. *Language Learning, 34*(3), 1-14.

Swan, M. (1985). A critical look at the communicative approach. *ELT Journal, 39*(1), 2-12.

Terrell, T. D. (1991). The role of grammar instruction in a communicative approach. *The Modern Language Journal, 75*(1), 52-63.

Thompson, G. (1996). Some misconceptions about communicative language teaching. *ELT Journal, 50*(1), 9-15.

Tsui, B. M. A. (1987). An analysis of different types of interaction in ESL classroom discourse. *IRAL, 25*(4), 336-353.

Ur, P. (1988). *Grammar practice activities: A practical guide for teachers.* Cambridge: Cambridge University Press.

van Lier, L. (1996). *Input, interaction, and second language learner.* London: Longman.

Vanpatten, B., & Cadierno, T. (1993a). Input processing and second language acquisition: A role for instruction. *The Modern Language Journal, 88*(1), 45-57.

Vanpatten, B., & Cadierno, T. (1993b). Explicit instruction and input processing. *SSLA, 15*, 225-243.

Warden, C. A., & Lin, H. J. (2000). Existence of integrative motivation in an Asian EFL setting. *Foreign Language Annals, 33*(5), 535-546.

Widdowson, H. G. (1990). *Aspects of language teaching*. Oxford: Oxford University Press.

Yashima, T. (2002). Willingness to communicate in a second language: The Japanese EFL context. *The Modern Language Journal, 86*(1), 54-66.

Yip, V. (1994). Grammatical consciousness-raising and learnability. In T. Odlin (Ed.), *Perspectives on pedagogical grammar* (pp. 123-138). New York, NY: Cambridge University press.

부록

[부록 A] 불규칙 동사의 예

[부록 B] 동사구의 예

[부록 C] 통합 수업의 예시

[부록 D] 교사를 위한 교실 영어

[부록 E] 영어 속담

[부록 A]

불규칙 동사(Irregular Verbs)의 예

※ 표에서 동사의 뜻은 지면 관계상 한 가지만 써놓았으나, 문맥에 따라 보다 다양한 뜻으로 쓰일 수 있다는 점을 기억하시기 바랍니다.

infinitive (원형부정사)	뜻	past simple (단순과거)	past participle (과거분사)
be	이다, 있다	was/were	been
beat	때리다	beat	beaten
become	~이 되다	became	become
begin	시작하다	began	begun
bend	구부리다	bent	bent
bet	내기를 하다	bet	bet
bite	물다	bit	bitten
blow	불다	blew	blown
break	깨다	broke	broken
bring	가져오다	brought	brought
broadcast	방송하다	broadcast	broadcast
build	건축하다	built	built
burst	터뜨리다	burst	burst
buy	사다	bought	bought
catch	붙잡다	caught	caught
choose	선택하다	chose	chosen
come	오다	came	come
cost	비용이 들다	cost	cost
creep	기어가다	crept	crept

infinitive (원형부정사)	뜻	past simple (단순과거)	past participle (과거분사)
cut	자르다	cut	cut
deal	다루다	dealt	dealt
dig	파다	dug	dug
do	하다	did	done
draw	그리다	drew	drawn
drink	마시다	drank	drunk
drive	운전하다	drove	driven
eat	먹다	ate	eaten
fall	떨어지다	fell	fallen
feed	먹이를 주다	fed	fed
feel	느끼다	felt	felt
fight	싸우다	fought	fought
find	발견하다	found	found
flee	도망치다	fled	fled
fly	날다	flew	flown
forbid	금지하다	forbade	forbidden
forget	망각하다	forgot	forgotten
forgive	용서하다	forgave	forgiven
freeze	얼다	froze	frozen
get	얻다, 사다, 등	got	got
give	주다	gave	given
go	가다	went	gone
grow	자라다	grew	grown
hang	매달다	hung	hung
have	가지다	had	had

infinitive (원형부정사)	뜻	past simple (단순과거)	past participle (과거분사)
hear	듣다	heard	heard
hide	숨다	hid	hidden
hit	치다	hit	hit
hold	붙들다	held	held
hurt	상처 입다	hurt	hurt
keep	보존하다	kept	kept
kneel	무릎 꿇다	knelt	knelt
know	알다	knew	known
lay	놓다	laid	laid
lead	이끌다	led	led
leave	떠나다	left	left
lend	빌려주다	lent	lent
let	~하게하다	let	let
lie	드러눕다	lay	lain
light	불을 붙이다	lit	lit
lose	잃어버리다	lost	lost
make	만들다	made	made
mean	의미하다	meant	meant
meet	만나다	met	met
pay	지불하다	paid	paid
put	두다. 놓다	put	put
read	읽다	read [rɛd]	read [rɛd]
ride	타다	rode	ridden
ring	울리다	rang	rung
rise	일어나다	rose	risen

infinitive (원형부정사)	뜻	past simple (단순과거)	past participle (과거분사)
run	달리다	ran	run
say	말하다	said	said
see	보다	saw	seen
seek	찾다	sought	sought
sell	팔다	sold	sold
send	보내다	sent	sent
set	놓다	set	set
sew	바느질하다	sewed	sewed
shake	흔들다	shook	shaken
shine	빛나다	shone	shone
shoot	쏘다	shot	shot
show	보이다	showed	shown/showed
shrink	움츠러들다	shrank	shrunk
shut	닫다	shut	shut
sing	노래하다	sang	sung
sink	가라앉다	sank	sunk
sit	앉다	sat	sat
sleep	잠자다	slept	slept
slide	미끄러지다	slid	slid
speak	말하다	spoken	spoken
spend	사용하다	spent	spent
spit	내뱉다	spit	spit
split	쪼개다	split	split
spread	퍼지다	spread	spread
spring	솟아오르다	sprang	sprung

infinitive (원형부정사)	뜻	past simple (단순과거)	past participle (과거분사)
stand	서다	stood	stood
steal	훔치다	stole	stolen
stick	꽂다	stuck	stuck
sting	쏘다	stung	stung
stink	악취가나다	stank	stunk
strike	치다, 때리다	struck	struck
swear	맹세하다	swore	sworn
sweep	쓸다	swept	swept
swim	수영하다	swam	swum
swing	흔들다	swang	swung
take	잡다, 등	took	taken
teach	가르치다	taught	taught
tear	찢다	tore	torn
tell	말하다	told	told
think	생각하다	thought	thought
throw	던지다	threw	thrown
understand	이해하다	understood	understood
wake	깨우다	woke	woken
wear	입다	wore	worn
weep	흐느껴 울다	wept	wept
win	이기다	won	won
write	쓰다	wrote	written
wring	비틀다	wrung	wrung

[부록 B]

동사구(Phrasal verbs)의 예

동사구 (Phrasal Verb)	예문 (Illustrative Sentence)
beat up (두들겨 패다)	The gangsters beat up my friend.
blow out (불어서 끄다)	Blow out the candle.
blow up (폭발하다)	The car blew up after he left it.
break down (고장나다)	My car broke down.
break in (침입하다)	The thief broke in through the back door.
break up (헤어지다)	They broke up because of the affair.
bring up (언급하다)	He brought up the old topic again.
call back (답신전화하다)	I'll call you back as soon as possible.
call off (취소하다)	The meeting was called off.
calm down (진정하다)	Calm down and think about it.
carry out (수행하다)	Soldiers must carry out orders.
catch up (따라잡다)	You start first and I'll catch you up later.
cheer up (힘내다)	She tried to cheer up the audience.
clean up (청소하다)	Are you going to clean up the mess?
clear up (날씨가 개다)	It cleared up in the afternoon.
close down (폐업하다)	The shop closed down before long.
come back (돌아오다)	I must come back before dark.
come up (소개되다)	The issue came up in the meeting again.
cross out (삭제하다)	His name on the list must be crossed out.
cut down (삭감하다)	Thye cut down the budget sharply.
cut out (잘라내다)	She cut out a picture from the magazine.
do up (입다)	Do up your coat before you go out.
doze off (졸다)	The students were dozing off in the class.

동사구 (Phrasal Verb)	예문 (Illustrative Sentence)
drive off (운전해 떠나다)	After he got into the car, he drove off.
drop in (잠시 들리다)	I dropped in to see my mom on the way.
drop out (그만두다)	He dropped out after a few months.
eat out (외식하다)	We're going to eat out tonight.
end up (결국~하게 되다)	He ended up sleeping on the bench.
fill in (채워넣다)	Please fill in this form.
fill out (써넣다)	I had to fill out a form.
find out (발견하다)	I tried to find out his address.
finish off (끝내다)	I'm trying to finish off the work by 12:00.
fix up (준비하다, 정하다)	We've fixed up a party for him.
get back (응답하다)	I'll get back to you in a minute.
get by (그럭저럭 지내다)	Your English is enough to get by.
get in (들어가다)	How did they get in?
get off (내리다)	Get off the bus at the second stop.
get on (차에 오르다, 일을 진행하다)	Get on the bus. How are you getting on with your work?
get out (피하다)	I can't get out of it now.
get up (일어나다)	I usually get up early in the morning.
give away (줘버리다)	She gave away all her belongings.
give out (주다)	He gave out the information.
give up (포기하다)	I gave up taking the exam this time.
go back (돌아가다)	I want to go back to my country.
go off (작동하다)	My alarm clock didn't go off this morning.
go on (계속하다)	We must go on with the effort.
grow up (자라다)	He grew up in the small city.

동사구 (Phrasal Verb)	예문 (Illustrative Sentence)
hand in (제출하다)	You have to hand in your homework first.
hand out (주다)	The teacher handed out the papers.
help out (도와주다)	Don't worry. I'll help you out.
hold up (기다리게 하다, 연기하다)	I am sorry to hold you up. The plan has been held up for a long time.
join in (참여하다)	Would you like to join in?
keep away (멀리하다)	Keep away from the wet paint.
keep on (계속해서 ~하다)	She keeps on nagging. I can't stand it!
keep up (따라가다)	I couldn't keep up with him.
leave out (빠뜨리다)	You can leave out the part.
look at (보다)	Look at the stars in the sky.
look back (뒤돌아보다)	Looking back, it was a useful for me.
look down (내려다보다)	They looked down on me.
look forward to	I am looking forward to your response.
look into (들여다보다)	We looked into the water.
look out (조심하다)	Look out!
look up (찾다)	I looked up the word in the dictionary.
make up (꾸며 만들다)	They made up the story.
mix up (혼돈하다)	I often mix up the two brothers.
move in (이사 들어가다)	I will move in next week.
move out (이사 나가다)	I will move out next month.
nod off (졸다)	She was nodding off during the class.
pay back (갚다)	I'll pay the money back by next month.
pick up (줍다, 데리러가다)	Pick up the trash on the floor. I must pick up my friend at the airport.

동사구 (Phrasal Verb)	예문 (Illustrative Sentence)
plug in (전기를 꽂다)	Plug in your lamp.
point out (지적하다)	He pointed out the errors to me.
put away (치우다)	Put all the stuffs away.
put back (제자리에 놓다)	Put the towel back on the rack.
put down (내려놓다)	Put down the bottle.
put off (연기하다)	The decision has been put off.
put on (입다, 쓰다, 신다, 바르다, 틀다, 늘다, 등)	Put on your coat. Put on some music. I've put on 10 pounds last month.
put out (끄다)	We couldn't manage to put out the fire.
put up with (참다)	I cannot put up with him any more.
ring back (전화해주다)	I'll ring you back as soon as I finish it.
rip off (바가지 쓰다)	I think I got ripped off.
rub out (삭제하다)	This part must be rubbed out.
run away (달아나다)	He ran away when he saw me.
run off (도망치다)	The thief ran off to see the police.
run out (떨어지다)	We ran out of gas on the way.
save up (저축하다)	I saved up some money for the moving.
see off (배웅하다)	I saw them off at the airport.
sell out (다 팔다)	The book was sold out in one day.
set off (떠나다, 출발하다)	I must set off early to avoid the jam.
set up (출범시키다)	They set up a committee to find it out.
show off (보이려고 애쓰다)	She is trying to show off.
show up (나타나다)	He didn't show up until late.
sit down (앉다)	Please sit down.
slow down (속도를 늦추다)	You're driving too fast! Slow down.

동사구 (Phrasal Verb)	예문 (Illustrative Sentence)
smile back (미소로 답하다)	I smiled to her and she smiled back.
sort out (해결책을 찾다)	I have to sort out the mixed papers.
speed up (속도를 내다)	You're driving too slow. Speed up!
split up (헤어지다)	They split up because of the affair.
stand up (일어서다)	Everybody stood up when he came in.
take back (도로 가져가다)	He took back the money he gave me.
take in (속이다)	I was completely taken in.
take off (이륙하다, 벗다)	The plane didn't take off on time. Take off your shoes.
take out (끄집어내다)	She took out a pill from the bottle.
take up (차지하다)	The table took up too much space.
tear off (찢어내다)	He tore off a page from the book.
tear up (찢다)	He tore up the letter.
tell off (꾸짖다)	She told him off for his being rude.
throw away (버리다)	Throw away all the trash.
tidy up (치우자, 정돈하다)	You need to tidy up your room.
turn down (거절하다)	He turned down my proposal.
try on (입어보다, 신어보다, 등)	Let me try on the shoes.
try out (시도해보다)	Don't be afraid, but just try out.
turn down (거절하다)	They turned down my offer.
turn off (끄다)	Turn off the light when you go out.
turn on (켜다)	Turn on the light.
turn out (~임이 밝혀지다)	It turned out to be wrong.
turn over (뒤집다)	Turn over the paper.
turn round (돌아보다)	He turned round to hear the noise.

동사구 (Phrasal Verb)	예문 (Illustrative Sentence)
turn up (볼륨을 높이다)	Turn up the radio.
use up (다써버리다)	He used up all the money he had.
wake up (깨우다)	Don't wake up the baby.
walk away (가버리다)	He walked away without a word.
walk off (가버리다)	He walked off without a word.
wash off (씻어내다)	He washed off the blood.
wash up (설겆이 하다)	I hate to wash up after the meal.
wave back (손 흔들어 답하다)	I waved to her and she waved back.
work out (계산하다, 해결하다)	I can't work it out in my head.
write back (답장을 보내다)	He wrote back to my letter.
write down (쓰다)	Write this down. It's not in the book.

[부록 C]

문법과 의사소통의 통합 수업 예시

[예시 1] 중학교 수업

▪ 학습 목표:

- Students are to learn the new English structures *[There is (are) ~.] [Is (Are) there~?] [Yes, there is./No, there isn't.]* and can use them to describe and ask/answer about the location of something.

▪ 학습 자료:

* An original picture for description
* Two versions of the original picture for pair work
* Realia in the classroom
* A picture of a busy city street
* A photograph of a room

▪ **The Procedure**

Step 1: *Presentation of the structure*

There is a cup on the table. There are many students in the classroom. Is there a computer in your room? → Yes. there is. Is there a subway in the city? → No, there is not/isn't. Are there many students in the classroom? → Yes, there are. Are there many teachers in the school? → No, there are not/aren't.

1-1: 교사는 목표 구문을 포함한 몇 개의 예문을 말하고 학생들로 하여금 듣게 한다. 이 때 그 예문은 교실 안에 있는 실물을 이용하는 것이 좋으며, 손으로 가리키면서 말하는 것이 좋다.

예) T: "There is a clock on the wall."
T: "There is a cup on the table."
T: "There are two doors in this room.
T: "There are many students in this room."

1-2: 교사는 방금 말한 예문들을 칠판이나 스크린 위에 글로 보여주고 그 뜻을 말해준다. 이 때 예문 속의 목표 구문에는 밑줄을 그어서 눈에 띄게 한다.

There is a clock on the wall.
There is a cup on the table.
There are two doors in this room.
There are many students in this room.

1-3: 교사는 학생들이 배워야 할 문법을 설명한다.
"There is ~" 다음에는 단수 명사가 오고, "There are ~" 다음에는 복수 명사가 온다. 하지만, 양쪽 어느 경우에도 뒤에 정관사 "the"는 사용하지 않는다.

There is ~ :		e.g. There is a computer on my desk.
There are ~ :		e.g. There are many trees in the park.
Is there ~ ?	→	Yes, there is. /No, there isn't.
Are there ~?	→	Yes, there are. /No, there aren't.

Step 2: *Practice of the structure*

* Material: A picture for description which is similar to the pictures to be used later in the pair work in Step 2-6. & various classroom realia

(Adaped from Grammar Games and Activities for Teachers, © P. Watcyn-Jones 1995)

2-1: T presents some vocabulary to be used in the description of the picture on the board or screen and check the students' understanding. Some of the vocabulary items or expressions could be a review of what the students already learned in the past. If there are any vocabulary items or expressions that have not been introduced in the textbook yet but are considered necessary for the description of the picture, T might want to introduce them, too.

※ Here, the criteria for the decision on whether or not to introduce a new vocabulary/expression at that particular time are the frequency, usefulness, and the learnability of the vocabulary/expressions. This means the teacher does not have to limit the vocabulary only to what is introduced in the textbook.

<Vocabulary on the board/screen>

bird cloud mountain sun tree river
bridge grass fishing road dog bird house
chimney smoke door curtains fishing
in front of across behind over above under
on the left on the right in the middle at the bottom
top left top right bottom left bottom right
between A and B, etc.

2-2. T presents the picture on the board or screen and asks what the students see in the picture. Then, sometimes with the help of the students T describes part of the picture using the vocabulary and the target structure presented.

e.g. T: (Pointing to the items in the picture)
There is a house at the bottom left side of the picture. Do you see that? O.K. By the way, what's this in front of the house?

Ss: *Dog.*

T: Does this look like a dog? All right. *There is a dog in front of the house. What else do you see in the picture?*

Ss: *trees, river, bridge, etc.*

T: *O.K. Many things.*

2-3: T gets the students to describe the rest of the picture using the target structure.

e.g. S1: *There are three mountains.*

T: *Yes, there are mountains. What else?*

S2: *There is a man.*

T: Right. there is a man at the river. What do you think he is doing?

S3: Fishing.

T: Right. He's fishing. There is a man fishing at the river.

※ By the end of this step students have reviewed all the vocabulary/ expressions necessary to describe the picture.

2-4: T describes the locations of some realia in the classroom and gets students to describe the locations of some other realia in the classroom.

e.g. T: *There is a clock on the wall. There are many desks in this room. Now, can anyone try?*

S5: *There are many chairs in this classroom..*

T: *Good job! Yes, We have 27 chairs in this room.*

S6: *There is a pencil on my desk.*

T: *Excellent!*

2-5: T asks students to listen to her description about some realia in the classroom and judge whether the description is right or wrong. When it is wrong, T asks the students or a volunteer to correct the description.

e.g. T: *There are several windows in this room.*

Ss: *Right.*

T: *There are three doors in this room.*

Ss: *Wrong.* There are two doors in this room.

T: *There is no picture on the wall.*

Ss: *Wrong. There are several pictures on the wall.*

2-6: Pair work

* Material: Two versions of the picture used in step 2-1 above

2-6-1: One student describes the picture. The other student listens to the description and draws the picture. Here, they may ask and answer to clarify the meaning. When the description of the picture is considered to be too difficult, T may provide a description of the picture so that one student could read it to his/her partner.

2-6-2: Have them compare the completed picture with the original one and find out if there were any communication problems.

2-6-3: Individual work

- Each student writes the description of the picture he/she has drawn using the target patterns. To save time this can be done as a homework.

* Material: Pictures A and B

(Source: *Grammar Games and Activities for Teachers*, ⓒ P. Watcyn-Jones 1995)

A.

(Under the picture words can be provided so that the student can refer to them when necessary.)

B.

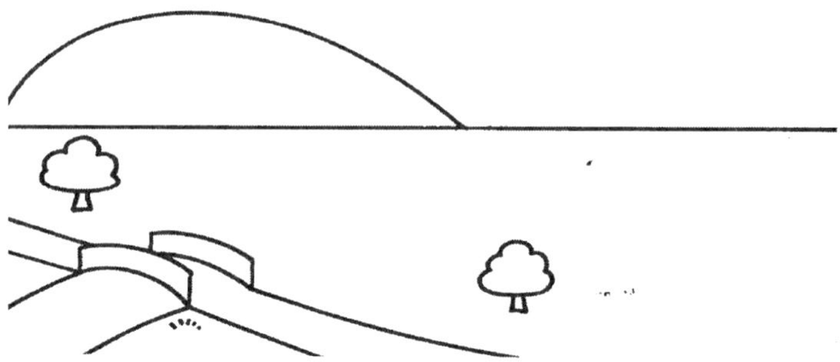

Step 3: *Whole Class Work*

※ Material: A photograph or picture of a room. (Source: *Grammar Games and Activities for Teachers*, © P. Watcyn-Jones 1995.)

3-1: (Showing the picture above, T asks some questions to warm up.)

T: Here is a room. What kind of room do you think this is?

Ss: Living room.

T: It looks like it. How did you know?

Ss: There is a sofa.

T: Yes. People usually have a sofa in their living room.

3-2: T: As you can see in the picture, there are many things in this room. Now, can you describe what's in the room?
※ T uses volunteers first if there are any and then calls on some individual students to describe what they see in the picture. In order to give the opportunity to as many students as possible, T allows each student to describe only one item in the picture.)

3-3: (T shows a picture of a city street.)

T: Now, here's another picture. It is a picture of a busy city street. As you can see, there are many things you can see on the street. Can anyone tell us what you see?

S1: There are many shops.

T: Good! Yes. There are many shops. I see a bookstore over therc.

S2: There is a bus.

T: Excellent! I guess it's just turning around the corner.

S3: There is a taxi.

T: Great! There is a taxi, too. It's in front of a clothing store. Anything else you see?

. . . . . .

Step 4: *Meaningful Use of the Structure*

4-1: T has some volunteers describe his/her room and let other students ask questions. In order to give opportunities to as many students as possible, each volunteer gives the description about only one item and invites questions from the other students, who ask questions such as "Is there a TV in your room?", "How many windows do you have in your room?", etc.

4-2: T also calls on some passive students and gets them involved.

4-3: T gives the description of some items that the students omitted. In the description T also tries to involve the passive students by frequently asking questions such as "XXX, what do you see next to it?", "There is a clock. Where is it, XXX?", etc.

※ During the classroom activities T does not have to limit the language use to the target structures only. However, it is necessary for the teacher to keep the target structures in mind and try to recycle them whenever possible.

Step 5: *Homework Assignment*

[On Teacher's Web Site]

This is a living room. There are a table and a sofa in the middle. There is a TV behind the sofa. On the table here is a phone. Beside the sofa there is a lamp. v There are some plants, too. There is a nice picture on the wall. Near the picture there is a big bookcase. It is a lovely living room.

- Write a description of whatever you are familiar with (e.g. your room, your living room, your neighborhood, etc.) using the structures you've learned today. You can include other sentences than the target structures. But your description must include at least five sentences including the target structures. In order to give you an idea what the homework should be like, an example is posted on my web site.

Step 6: *Recurrence*

- The target structure should recur at regular intervals on subsequent class days. In other words, T should try to relate the old lesson to the new one whenever possible and gives the students opportunities to review the vocabulary/structures that they have learned earlier.

[예시 2] 고등학교 수업

출처: 김성애. (2006). 고등학교 영어수업의 실태 및 개선을 위한 제언. *영어교육연구, 18*(4), 77-109.

1) Lesson objectives:
   Students can understand and use the target structures.
2) Target structure: *how to~ / where to~ / what to~*
3) Instructional materials/equipment: Pictures (Power Point)
4) The Procedure

Step 1: *Presentation & Explanation of the Structures*

Teacher presents the illustrative sentences, gives explanation, and have the students repeat after each sentence.

e.g. I'd like some advice about how to improve my English.
We can't decide where to go during this winter break.
I didn't decide what to have for lunch yet.

Step 2: *Practice of the Structure*

A	B	C	D

E	F	G	H

※ Showing the pictures, T makes some example sentences.

e.g. (showing Picture A)

T: "I'd like to learn *how to ride* a bike."

T: "Any other possible sentence?"

S1: "I wonder *where to borrow* a bike."

T: "Great! You wonder where to borrow a bike.
Anything else?"

S2: I don't know *where to have* my bike repaired.

T: Good job!

e.g. (Showing Picture B)

T: S3, can you make any sentence about the picture?

S3: He knows *how to repair* his car.

T: Very good! OK, Everyone, can you say the sentence again?

Ss.: He knows *how to repair* his car.

T: Yes, he seems to know *how to fix* his car.
(Ss. repeat the sentence after the teacher using "repair" and "fix".)
"He knows how to repair his car." "He knows how to fix his car."

T: Anything else?

S4: I want to learn how to drive.

T: Excellent! But I'm afraid you are too young!

e.g. (Showing Picture C)

T: I think they are learning *how to play* tennis.
Do you know *how to play* tennis?

Ss.: Yes./No.

T: I used to play tennis when I was younger, but I don't play it any more. As you can see, I am getting old and I feel tennis is too heavy for me.

Ss.: No!! You're still very young!

T: Do you really think so? Thank you, anyway.

e.g. (Showing Picture D)

T: S4, Can you make any sentence?

S1: I don't know how to cook rice.

T: Good job! By the way, are you sure you really don't know how to cook rice? (To the class.) How many of you don't know how to cook? (Some students raise their hands.) Why don't you learn? OK, Anyone else?

S5: I wonder where to get a rice cooker.

T: Great! Can you guys tell him where to get a rice cooker?

Ss.: Go to a Mart. / Go to 전자상회, etc.

T: Right. You can get one at a Mart, like E-Mart, Lotte Mart, etc. or at an electronic shop.

e.g. (Showing Picture E, T designates a passive or slow student.)

T: S6, do you know how to do the laundry?

S6: Yes./No.

T: Oh, you do! Good. / Oh, you don't! O.K. S6 says, she knows how to do laundry.

(To the class) How many of you do the laundry yourself? (Some students raise their hands.)

Good. I think you guys are old enough to do the laundry yourself. Learn how to do it and help your mother. OK?

Step 3: *Meaningful Use of the Target Structure*

T: You have many things around you. Do you know *how to use* all of them? In fact, I myself don't know everything. For example, I know *how to drive my car*, but I don't know *how to fix* it. Now, think about what you have around you. Why don't you talk about what you can do or cannot do with your partner? I will ask you about it after a while. (Ss. talk in pairs for a while.)

T: Now, can anyone tell me what you or your partner can do or cannot do?

Step 4: *Extension (Action Series)*

T: By the way, you guys have a lamp on your desk. Right? Do you know *how to change* the light bulb in your lamp?

Ss.: Yes!/No!

T: Can anyone give us the instruction for *how to do* it?

Ss.: (No volunteer)

T: Well, maybe many of you know *how to do* it, but it is not easy to give the instruction in English. I understand. Then, why don't we learn the expressions for the instruction. (T presents the action series "How to change the light bulb" on the screen and have the students learn how to do it.)

<table>
<tr>
<td>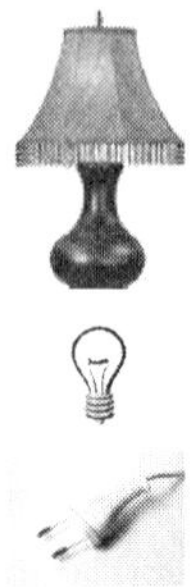</td>
<td><Action Series: How to change the light bulb>
1. Turn on the light. It's burned out!
2. You have to change the light bulb.
3. Go get a new one.
4. Unplug the lamp.
5. Take off the lamp shade.
6. Unscrew the old bulb.
7. Screw the new one into the socket.
8. Put the lamp shade back on.
9. Plug in the lamp.
10. Turn it on. It works!
11. Throw the old bulb away.</td>
</tr>
</table>

Step 5: *Summary*

- T. briefly summarizes the learning points using the illustrative sentences presented at the beginning of the lesson. Check if the students have any questions.

Step 6: *Homework Assignment*

- At the end of the class T. gives out the homework assignment which requires the students to use the target sentences to produce their own sentences. T. tells the students that more details about the homework are available on her web site.

<On the teacher's web site>

< Homework >

1) Assume a situation (Or you can use your own experience if available.). Describe three cases using the structures you have learned today:
how to ~ / where to ~ / what to ~ .

예) (Situation: We just moved into a new area.)
On the moving day I asked *what to do* to help my mother.
At first, I didn't know *how to get* to the subway station.
I had to ask my neighbor *where to take* the bus for my school.

2) The sentences must be your own work. Do not copy from other sources.

3) We will begin the next class with your completed homework. You will be asked to present your case before you submit your homework.

Step 7: *Review*

1) In the next class, T. starts with the homework after greeting:

예) T: OK. I am sure you all brought your completed homework. Can anyone tell us about what you have?
(When there is no volunteer, T. designates some students and asks them individually.)

T: Well, no volunteer. That means I have to ask you in person. Let's see . . . S1, do you have anything to let us know?
(S1 responds and T. gives a compliment or helps S1.)
How about you, S2?

(S2 responds and T. gives a compliment or helps S2.)

2) T. tells the class about her own experience using the target structure.

T: Well, I have one. Long time ago, I lost my passport in a foreign country. At first, I didn't know *what to do* and I didn't know *where to go* for help. So, I just cried. Later, I went to the police station and reported it, and the officer told me *what to do*. What an experience! Since then, I get very careful about my passport whenever I travel to a foreign country.

3) T. asks the class if they remember the action series on how to change the light bulb. The students in chorus gives the instruction on how to do it while T. presents part of the action series to help them remember it better.

[부록 D]

교사를 위한 교실 영어

1. Greetings: 인사하기

Good morning, everybody. / Good afternoon, class.
How are you this morning? / How are you all this afternoon?
Are you all well today?
What did you do last weekend? / Did you all have a good holiday break?
I hope everybody had a good weekend.
I missed you guys a lot during the break.
Welcome back to school! I hope you had a great vacation.

2. Checking physical conditions in the classroom: 교실 상태 점검하기

Please turn off your cell phones.
Remember that your cell phone must be off.
Make sure you turned off your cell phone before the class.
It's a little hot in here. Can anybody turn on the cooler?
Isn't it rather too hot in here?
Would you mind if I switched the heater off?
It's a bit stuffy in this room. Can we open the window?
It's too cold in this room. Let's turn the heater on.
Could you turn up the thermostat a little?
Would you mind turning the heater on?
My God! It's out of order. I'm afraid we can't use it today.

We need to have it fixed.
Please ask them to fix it right away.
Did you have them fix it? Oh, great! it's working today.
How dark! I think we need the lights on.
It's too dark. Can anybody turn on the light?
Don't you think it's too dark in this room?
It's much too noisy in here. What's the matter?
It's awfully noisy today. What's up?
Please be quiet, will you? / Please settle down, could you?
What a mess! Please tidy up. / It's terribly untidy in here, isn't it?
Please clean the (black)board before the class.
Quiet, everyone! / Stop talking, everyone. Time to start the lesson.
I'm waiting for you to be quiet. /How long should I wait?
Please put your things away.
Can I have your attention, please? / Attention, please.

3. Checking attendance: 출석 부르기

Now, let me call the roll. / OK. let me check attendance.
I'm going to take attendance.
Please raise your hand and say "here" when your name is called. OK?
Who's missing?/ Who didn't show up today?
Let's see if everyone is here. / Let's see who's absent today.
Is xxx absent again? I wonder what's wrong with him/her.
What happened to him?/ What's the matter with him?
Oh, you are here today, xxx. / Are you better now?
Are you feeling better today? / Are you OK today?

4. Starting the lesson: 수업 시작하기

It's time to start now. / OK. Now, let's start our lesson.
Ready? Let's get started. / Now we can start.
Is everyone ready? / OK. Let's get down to work.
Can you hear me back there? / Can you hear at the back?
Where did we stop last time?
Do you remember where we were last time?
Last time we stopped at page 30. Let's start with page 31 today.
Open your book to page 30.
Today's class will be about. . . . ./ The subject of today's lesson is . . . .
Look at the bottom of the page. / Turn over the page. / Next page, please.
Turn back to page 29. / Let's move on to the next page.
Look at Exercise 2 on age 10. / You'll find the exercise on page 10.

5. Reviewing: 복습하기

Do you remember what we learned last time?
Let's go over what we studied last time.
Let me briefly go over what we learned last time.
How about going it over again? / Let's briefly review the part.

6. Presenting lesson objectives: 수업 복표 제시하기

What we are going to study today is . . . .
The objective of this lesson is to help you understand . . . .

By the end of this lesson you should be able to . . . .

7. Taking a break: 수업 중간 휴식하기/다시 시작하기

Would you like a short break? Say, 5 minutes. OK? Good.
Well, this job is so tiring. Why don't we have a break?
Looks like everybody is getting tired. Let's take a break.
Time for a break. We'd better take a break for 5 minutes.
OK, everybody. Let's resume the lesson.
OK, time to start again.

8. Using the handout: 유인물 사용하기

Let me give you a handout. You can keep it.
Pass around these handouts, please.
Pass these to the back. / Take one and pass them on.
Did everybody get one? / Anyone who didn't get the handout?
Have you all got a copy? / Who hasn't got a copy of it?
Is there anyone without a copy? / Is there anyone without?
I'm afraid there aren't enough copies for everybody.
Will you two share the handout? /
Please share the handout with anyone sitting next to you.
I need to collect this handout at the end of the class, please.
Did you bring the handout that I distributed last class?

9. Preparing for class: 수업 준비하기

Why don't you form groups of five? /
Please form groups of five.
This is a group work. You all need to get into groups of four or five.
I want you to make groups of five.
For this job, you have to work in pairs.
You guys need to work in groups for this project.
Let's do something different this time.
Can anyone help me to take down the screen?
Let me roll down the screen first. /
Can you roll up the screen for me?
Can anyone plug in the tape recorder?
Please unplug the machine before you go out of the classroom.
Don't forget to turn off the lights before you go out.
I ran out of the chalk. Go and get some chalks for me, will you?
Can anyone go and get some color pens/chalks for me?

10. Explaining the content: 내용 설명하기

Please have a look at the picture on the screen.
Now, look at the top picture.
If you look at the bottom picture, you will see . . . .
Let me show you how it works.
Let me explain it again.
Let me put it this way. . . .

11. Checking comprehension: 이해도 파악하기

Do you know what I mean? / Are you following me?
Do you understand what I'm saying? / Is everything clear?
Is there anything you don't understand?
Is everything clear? / Are there any questions on this?
You can ask questions any time.
You can stop me any time for questions.
Who knows the answer to this question?
Please don't hesitate to ask if you have any questions.
Where was I! / Where are we?/ What page are we on?

12. Responding to students: 학생의 말에 반응하기

Louder, please. I can't hear you. / Speak up, please.
Say it louder. / Once again, but louder.
Say it louder so that everyone can hear you.
Speak slowly, I can't follow you.
Can you say that again? / Can you repeat that?
What do you mean? / Can you give me an example?
You said xxx. What did you mean?
Could you explain xxx?
That's very close, but not exactly./ Almost!
You can try it again. / Let me give you another chance.
I think you are on the right track. / Not quite. Try again.
Almost right. You're half way there. You've almost got it.
I hadn't thought about it. But that's a good point.
That's an excellent idea! /What a great idea!

Good job!/ Excellent!/ Great!/ Terrific!
I'd prefer to deal with that point later.
It is important but it's too complex for us to deal with here.
I didn't quite understand what you said.
Sorry, what did you say / What? / Pardon? / What was that?
I didn't quite catch what you said.
Sorry, I didn't catch it. Please say that again.
Is there any evidence to support what you say?
What makes you think so? What reasons do you have for saying that?
Sure!/ Definitely! > Probably. > I'm not sure/I don't know. > I don't think so. / Probably not. / I doubt that. > No chance / Definitely not. / No way!

13. Encouraging students' participation: 참여 유도하기

What do you think? How do you feel about that?
Don't you agree? / How do you like the idea?
Come on. You should know this. /Take a guess.
Do you all agree with him/her? / Anyone who has a different idea?
Can anyone explain why this works the way it does?

14. Expressing opinions: 의사 표현하기

In my opinion . . . . / It seems to me . . . . / I feel. . . .
Don't you think. . . . / Acording to. . . . .
I agree./ You're right. / That's right/true. / That's a good point.

I'm afraid I disagree. / Maybe/Perhaps, but . . . .
I'm not sure I agree. / I don't agree.
Can I say something? / an I ask one thing? / Can I ask something?

15. Homework assignment: 숙제 관련 표현

I need to collect your homework before we start.
Let me collect your homework first.
I want you to submit the homework first.
Anybody who forgot to bring your homework?
Let me give you a homework./ Here's a homework.
This is your homework. / Here's a homework assignment.
For your homework, do the exercise on page 10.
Do the rest of the exercise as your homework.
Complete this exercise at home. / Don't forget about your homework!
This homework is due next Monday. /Please keep the due date.
I want you to do all the exercises in the book.
I'm afraid you'll have to spend some time on this.

16. Note taking: 필기 관련 표현

Copy this down in your notebooks. / Make a note of this.
You don't have to write this down. It's all in the handout.
You'd better write this down.
Do you want me to put it on the board?/ Do you need to write this down?

17. Using facilities/teaching aids: 학습기자재 사용 관련 표현

Put this plug in the socket over there, please.

Unplug the recorder. Pull the plug out of the wall.

Mind the able when you go out of the room.

Let's look at the video now./ Let's listen to the tape.

Can you all hear?/ is it clear enough?

Is the volume all right? / Is the sound clear enough?

Wait a second. I'll just rewind the tape./ Sorry about the delay.

It's a bit out of focus. / Looks like there's something wrong with the film.

If you look carefully, .../ Have a close look at it, and you will find . . . . .

What's interesting about this is. . . . .

Pay attention to the top part of the picture.

Do you notice anything uncommon about this picture?

18. Asking for understanding: 사과하기/양해 구하기

Sorry for being late./I'm sorry I'm late./Something unexpected happened.

Sorry, I forgot to bring it today. Let me bring it next time.

Sorry about that. / Excuse me for a moment.

I'll be back in a minute. / Would you excuse me for a second?

I'm afraid I forgot to bring the handout.

If you guys can excuse me for a minute, I'll go get it now.

19. Closing the lesson: 수업 끝내기

Well, it's time to stop. / We need to wrap it up.

We've got three minutes left. / We've finished earlier than expected.

We don't have that much time left.

Time's up. / That's about it for today./ We'll continue with this next class.

Let me give a brief summary of what we've learned today.

Let me just run over the key points again.

We have 5 more minutes to go./ We still have a couple of minutes left.

We have two more minutes to spare. / We still have two more minutes in hand.

Time's almost up. / I'm afraid it's time to finish now.

All right! That's all for today.

That will do for today. We'll continue this chapter next time.

We've run out of time, but we'll go on with this next time.

We'll finish this next class.

We'll continue working on this next time.

Next class we'll meet in the lab.

What we've learned today is . . .

To sum up what we've learned today, ...

All of you did an excellent job today.

If you didn't finish it, please get it done by next class.

Please go over what we've learned today and get ready for a quiz next class.

If you want to study more, you can check . . .

If you want more information about this, please visit my web site.

Let me post this on my web site.

They'll be a quiz on this next class.
I'll give you a test on this sometime next week.
We'll continue with this next class.
Don't forget to bring this handout next class.

20. Parting: 작별 인사하기

Goodbye, class. / Bye now. / Bye-bye./ Have a nice day./
Have a good evening. / See you tomorrow./ See you next week.
Enjoy your weekend. / I hope you all have a wonderful holiday.
Have a great holiday break and I'll see you next week.

[부록 E]

English Proverbs (영어 속담)

On "Family/Friendship"

Blood is thicker than water.
Charity begins at home.
A friend in need is a friend indeed.
Better be alone than in bad company
Birds of a feather fluck together.
A friend to all is a friend to none.
Lend your money and lose your friend.
Evil communication corrupt good manners.
The leopard does not change his spots.
Out of sight, out of mind.
Spare the rod and spoil the child.
There is no place like home.

On "Health"

An early bird catches the worm.
Eat in measure and defy the doctor.
Good wine makes good blood.
Health is better than wealth.
A man is as old as he feels, and a woman as old as she looks.
Much meat, much disease.
Hunger is the best sauce.

On “Happiness”

Contentment is great riches.
Care kills a cat.
Contentment is great riches.
Diligence is the mother of food fortune.
No bread eaten by man is so sweet as that earned by his own labor.
Fortune comes in by a merry gate.
Marry first and love will follow.
Marry in haste, repent at leisure.
All sorrows are less with bread.
Every cloud has a silver lining.
Laughs, and the world laughs with you; weep, and you weep alone.
Man cannot live by bread alone.

On “Social Life”

Every man to his taste.
Talk of the devil, and he will appear.
Do to others as you would be done by others.
Even Homer sometimes nods.
Might is right.
Honesty is the best policy.
No news is good news.
No rose without a thorn.
A cat may look at a king.
There is no accounting for taste.
Among the blind, the one-eyed is king.

A hungry man is an angry man.
A chain is no stronger than its weakest link.
A new broom sweeps clean.
Death is the grand leveller.
Dog does not eat dog.
Give a dog a bad name and hang him.
Happy is the country that has no history.
Ill weeds grow apace.
The weakest goes to the wall.
It takes all sorts to make a world.
Manners make man.

On "Money"

Money makes the mare to go.
Penny-wise and pound-foolish.
Riches are for spending.
Thrift is a great revenue.
A fool and his money are soon parted.
Money begets money.
Borrowing makes sorrowing.
Take care of the pence, and the pounds will take care of themselves.
Cut your coat according to your cloth.
Many a little makes a mickle.
Money isn't everything.
Penny wise and pound foolish.
Poverty is no sin.
The love of money is the root of all evil.

On "Business"

Make hay while the sun shines.
Business is business.
Necessity is the mother of invention.
Too many cooks spoil the broth.
Rome was not built in a day.
Well begun is half done.
A Jack of all trades is master of none.
Everybody's business is nobody's business.
Everything must have a beginning.
He who makes no mistakes makes nothing.
One sows and another reaps.
Rats leave a sinking ship.
The cobbler should stick to his last.
The end crowns the work.
Work while it is day.

On "Success"

Diligence is the mother of good fortune.
A bad workman blames his tools.
Heaven helps those who help themselves.
A rolling stone gathers no moss.
Look before you leap.
First come, first served.
The early bird catches the worm.
Where there is a will, there is a way.

Nothing succeeds like success.
Slow but sure wins the race.
Yielding is sometimes the best way of succeeding.
God helps those who help themselves.
Haste makes waste.
He laughs best who laughs last.
Opportunity seldom comes twice.
Strike while the iron is hot.
Where there is a will, there is a way.

On "Education/Learning"

All work and no play makes Jack a dull boy.
Never too old to learn.
It is never late to learn.
Practice makes perfect.
Art is long, life is short.
Time and tide wait for no man.
Experience is the best teacher.
Ignorance is bliss.
Alexander himself was once a crying baby.
A little learning is a dangerous thing.
Knowledge is power.
Empty sacks will never stand upright.
Empty vessels make the most sound.
The fish always stinks from the head downwards.
The pen is mightier than the sword.
Practice makes perfect.

A rolling stone gathers no moss.
There is no royal road to learning.

On "Advice"

As you sow, so you reap.
Good medicine tastes bitter.
Don't count your chickens before they are hatched.
A watched pot never boils.
Cast not pearls before swine.
Better late than never.
Tread on a worm, then it will turn.
Don't throw out the baby with the bath water.
You cannot eat the cake and have it.
Don't whistle until you are out of the wood.
Judge not a book by its cover.
One must draw the line somewhere.
Strike while the iron is hot.

On "Speech/Communication"

Actions speak louder than words.
Good words cost nothing.
Bad news travels fast.
Great talkers are little doers.
Speech is silver, silence is gold.
To say is one thing, to practice is another.

You never know what you can do till you try.
As you sow, so will you reap.
Many a true word is spoken in jest.
The voice of the people is the voice of God.
Fine words butter no parsnips.
Least said, soonest mended.
No news is good news.
Practice what you preach.
Saying is one thing and doing is another.
Silence means consent.
A word is enough to the wise.
Words cut more than swords.
The pot calls the kettle black.

On "Woman/Beauty"

Imitation is the sincerest form of flattery.
All is not gold that glitters.
A woman is a weathercock.
A woman is the weaker vessel.
Beauty is but skin-deep.
Three women make a market.
A fair face is half a fortune.
Fine feathers make fine birds.
A woman is an angel at ten, a saint at fifteen, a devil at forty, and a witch at four score.
Never judge by appearance.

On “Life”

All good things must come to an end.
A drowning man will catch a straw.
Tomorrow is a new day.
After a storm comes a calm.
Once a beggar, always a beggar.
Everything comes to those who wait.
He laughs best who laughs best.
You can lead a horse to the water, but you cannot make him drink it.
It is no use crying over spilt milk.
Life is a pilgrimage.
A willing burden is no burden.
Make haste slowly.
Every dog has his day.
When in Rome, do as the Romans do.
While there is life, there is hope.
Don't put new wine into old bottles.
Life is not all beer and skittles.
Light come, light go.

저자

김성애

- 부산대학교 사범대학 영어교육과 졸업 (교육학 학사)
(BA in English Language Education)
- 부산대학교 교육대학원 (영어교육 전공) (교육학 석사)
(MA in English Language Education)
- 오하이오주립대학교 대학원 (영어교육 전공) (교육학 석사)
(MA in TESOL)
- 오하이오주립대학교 대학원 (언어학 전공) (언어학 석사)
(MA in Linguistics)
- 오하이오주립대학교 대학원 (영어교육 전공) (교육학 박사)
(Ph.D. in Language Arts, Literature & Reading)
- 부산대학교 사범대학 영어교육과 교수 (1995. 3. 1.~현재)

저서

『영어 교수 기술 연구』(신아사)
『고등학교 영어회화 II』(공저) · (부산광역시교육청. 특목고 교과서용)
『액션시리즈로 배우는 생활영어』(경문사)

- Homepage: http://home.pusan.ac.kr/~sngkm510
- Email: sngkm@pusan.ac.kr

영어문법과 의사소통의 통합 지도

초판 1쇄 찍음 _ 2011년 11월 30일

저　　자 | 김 성 애
발 행 인 | 정 현 걸
발　　행 | 신 아 사
인　　쇄 | 예지인쇄
출판등록 | 1956년 1월 5일 (제9-52호)
주　　소 | 서울특별시 은평구 녹번동 28-36 2F
전　　화 | (02)382-6411 • 팩스 (02)382-6401
홈페이지 | www.shinasa.co.kr
E-mail | shinasa@chol.com

ISBN 978-89-88396-749-7 (93740)

정가 14,000 원